DUMONTS KLEINES LEXIKON DER

SALATE

Zutaten · Verwendung · Rezepte

Yara Hackstein & Beate Engelmann

DÖRFLER

Alle in diesem Buch enthaltenen Angaben, Vorschläge, Rezepte etc. wurden von den Autoren nach bestem Wissen erstellt und von ihnen und dem Verlag mit größtmöglicher Sorgfalt überprüft. Gleichwohl sind inhaltliche Fehler nicht vollständig auszuschließen. Daher erfolgen die Angaben etc. ohne jegliche Verpflichtung oder Garantie des Verlags oder der Autoren. Eine Haftung der Autoren und des Verlags für Personen-, Sach- und Vermögensschäden ist ausgeschlossen.

Konzeption und Realisation: Medien Kommunikation, Unna

Im Internet finden Sie unser Verlagsprogramm unter:
www.doerfler-verlag.de

Inhalt

Liebe zum frischen Genuss

Salate – das gesunde A & O

Dieses kleine Lexikon führt in die vielfältige Welt der Salate ein – von den Grundzutaten über die wichtigsten Küchentechniken bis hin zu abwechslungsreichen Rezepten.

So werden im ersten Teil des Buches nicht nur die wichtigsten Salat- und Gemüsesorten in informativen Portraits vorgestellt, sondern ebenso alle weiteren wichtigen Zutaten wie Essig und Öl oder Kräuter und Gewürze.

Auch den Dressings ist ein Kapitel gewidmet: Mit Schritt-für-Schritt-Anleitungen werden dort Basics der wichtigsten Salat-Dressings sowie verschiedenste Variationsmöglichkeiten dargestellt.

Neben der Information darf das Kulinarische in diesem Buch natürlich nicht zu kurz kommen, denn was wäre ein kleines Lexikon der Salate ohne Salatrezepte? Diese finden sich im zweiten Teil dieses Buches, zur besseren Übersicht eingeteilt in sieben Kapitel mit unterschiedlichen Schwerpunkten. Die Einteilung erfolgt nach „Salattypen“, wie den

Blattsalaten, Gemüsesalaten oder auch Kartoffel- oder Nudelsalaten.

Die Rezeptauswahl bietet Vielfalt in jeder Hinsicht: So stehen rein vegetarische Salate neben solchen mit Fisch und Fleisch, Rezepte für die schnelle Küche neben solchen für das besondere Menü; einfache Salate, die auch Koch-Anfängern glücken, neben etwas aufwändigeren.

Zu allen Rezepten gibt es einen entsprechenden Info-Kasten, der im Überblick über Hauptzutaten, Schwierigkeitsgrad und Zubereitungsdauer informiert. Die kleinen Symbole haben folgende Bedeutungen:

- SALATBLATT: Der Salat enthält Blattsalat oder Gemüse
- FISCH: Fisch oder Meeresfrüchte als Zutat
- FLEISCHKEULE: Der Salat enthält Fleisch oder Wurst
- ZITRUSFRUCHTSCHEIBE: Der Salat enthält Früchte
- SIEB: Ein oder zwei Siebe weisen auf den Schwierigkeitsgrad hin: einfach oder etwas schwieriger
- UHREN: Eine oder zwei weiße Uhren weisen auf den Zeitaufwand hin: gering oder etwas höher. Eine blaue Uhr zeigt längere Wartezeiten an.

Doch ganz gleich, um welches Rezept es geht – eines ist allen Salaten gemein: Sie schmecken toll, sind gesund und lassen sich gut nachkochen. Probieren Sie es doch einfach aus!
Viel Erfolg dabei und guten Appetit!

Salate & Gemüse

Bunte Vielfalt

Frisches vom Markt

Was gibt es Schöneres, als in Ruhe über einen Wochenmarkt zu schlendern und sich von den Farben, Formen und Düften heimischer oder südländischer Salate und Gemüsesorten inspirieren zu lassen. Bereits ihr Anblick regt die Sinne an, weckt den Appetit und oft auch den Wunsch, mal etwas Neues in der Salatküche auszuprobieren.

Natürlich schmecken Gemüse und Salate am besten zur jeweiligen Saison möglichst frisch vom Bauern – sie haben keine langen Transportwege und Lagerzeiten hinter sich und somit einen meist deutlich höheren Nährstoffgehalt. Am empfehlenswertesten sind dabei Bio-Produkte: Sie liefern die beste Qualität und sind in der Regel frei von Pestizidrückständen. Auch wenn Supermärkte oft ganzjährig die breite Palette aller möglichen Salate und Gemüse anbieten: Bevorzugen sollte man stets heimische Saisonware.

Das folgende Kapitel portraitiert die wichtigsten Salate und Gemüsesorten und gibt einen Überblick über die leckere und gesunde Welt der Salatküche.

Die Salate

Gesunder Genuss

Knackig und farbenfroh, mit köstlichen Dressings und Kräutern aus dem Garten angerichtet: Frische Blattsalate bereichern jede Mahlzeit, ob als Vorspeise, Beilage oder sogar als eigenes Hauptgericht. Die Auswahl ist in jeder Hinsicht bunt und vielfältig – so gibt es glatte oder krause, zartblättrige oder feste, milde oder bittere Sorten.

Das Farbspektrum ist dabei fast ebenso vielfältig wie Formen und Geschmacksrichtungen: vom weiß-gelben Chicorée über kräftig grüne Endivien bis hin zum roten Radicchio – Blattsalate wecken schon beim Anblick den Appetit. Werden sie dann mit einem schmackhaften Dressing verfeinert oder auch mit anderen Gemüsen, Früchten oder auch Fisch, Fleisch, Meeresfrüchten oder Käse kombiniert, steht dem kulinarischen Genuss nichts mehr im Wege.

Lattich und Zichorie

Die üppige Vielfalt verschiedenster Blattsalate wird botanisch in nur zwei Gruppen unterschieden: In die

Lattich- und in die Zichoriengruppe. Zur Lattichgruppe zählen alle bekannten Gartensalate wie der klassische grüne Kopfsalat, Eisberg- und Romana- oder auch Bataviasalat und jüngere Züchtungen wie Lollo Rosso, Lollo Bionda oder Eichblattsalat. Der Name Lattich leitet sich dabei von lateinisch „lactis" ab, was Milch bedeutet und auf ein charakteristisches Merkmal dieser Salate hinweist: Die Lattich-Salate sondern eine milchige Flüssigkeit ab, wenn man ihren Strunk anschneidet. Im Geschmack sind sie insgesamt milder als die Salate der zweiten Gruppe, der Zichorien.

Zichorien enthalten zwar keinen Milchsaft, aber meist deutlich mehr Bitterstoffe – und dies wirkt sich auch auf den Geschmack aus. So sind die Vertreter der Zichorien-Salate wie Endivien, Chicorée und Radicchio deutlich kräftiger, herber und eben auch etwas bitterer im Geschmack. Damit verbunden ist zugleich ein höherer Mineralstoff- und Vitamingehalt, der dafür sorgt, dass Zichorien-Salate besonders gesund sind.

Kopf- und Pflücksalate

Salatpflanzen werden außerdem in Kopf- und Pflücksalate unterschieden. Kopfsalate bilden, wie der Name schon sagt, einen festen Kopf – so wie grüner Salat oder Eisbergsalat. Pflücksalate hingegen nennt man solche Sorten, deren Blätter – statt einen Kopf zu bilden – lose zusammenwachsen. So zählen etwa der locker wachsende Eichblattsalat und auch der Lollo Rosso zu den Pflücksalaten. Sie werden alternativ auch als Schnittsalate bezeichnet, da viele Sorten mehrfach geerntet werden können und dann jeweils nur die ausgereiften äußeren Blätter geschnitten oder gepflückt werden. Die im Handel angebotenen Pflücksalate werden allerdings fast immer als Ganzes verkauft.

Leichte Salatküche

Doch auch, wenn Salat grundsätzlich als vitaminreich gilt – eine „Vitaminspritze" stellen einzelne Salatportionen nicht dar. Wirkungsvoll „gesund" wird ein Blattsalat meist erst durch die Kombination mit anderen Gemüsezutaten, Kräutern oder hochwertigen Ölen.

Einen Blattsalat zuzubereiten ist kinderleicht: Frisch auf dem Markt gekauft, braucht er nur gewaschen, ein wenig geputzt, – in der einfachsten Variante – mit ein wenig Essig und Öl beträufelt sowie etwas gesalzen zu werden. Zu einem echten Schlankmacher wird ein Blattsalat, wenn man an Öl spart oder dieses durch fettarmen Joghurt ersetzt. Serviert man so einen einfachen Blattsalat vor einer warmen Mahlzeit, fördert er den Stoffwechsel und sorgt für eine erste Sättigung.

Bataviasalat

Bataviasalat ist ein Verwandter des Eisbergsalats und diesem geschmacklich ähnlich. Optisch ähnelt er allerdings eher dem Kopfsalat. Seine Blätter sind dunkelgrün bis rotbraun und haben rötliche, gewellte Ränder, was den Batavia auf Salatplatten äußerst dekorativ erscheinen lässt. Außerdem ist dieser Pflücksalat würzig und knackig, wodurch er Salatkombinationen besonders schmackhaft macht. Bataviasalat fällt zwar nicht ganz so schnell zusammen wie der Kopfsalat, er sollte jedoch trotzdem erst unmittelbar vor dem Servieren mit Dressing angemacht werden.

Batavia ist von Mai bis September als Freilandware erhältlich. Beim Kauf sollte er sich fest anfühlen und noch keine angewelkten Blätter aufweisen. Im Kühlschrank ist ein frischer Salat dann etwa vier bis fünf Tage haltbar.

Chicorée

Der bittere Geschmack ist typisch für Chicorée, weshalb ihm viele mit Zurückhaltung begegnen. Dies ist aber vollkommen unberechtigt, da z.B. durch die Kombination mit Früchten und auch Sahnedressings die Bitterkeit deutlich gemildert werden kann. So schmeckt Chicorée besonders gut als Salat in Kombination mit süßen Früchten wie Bananen, aber auch mit Orangen, Mandarinen oder Äpfeln.

Doch schon vor der Zubereitung kann man dem Chicorée seinen bitteren Beigeschmack nehmen, indem man den Strunk keilförmig aus dem längs durchgeschnittenen Kolben entfernt. Denn in diesem Teil der Pflanze befinden sich besonders viele Bitterstoffe. Diese sind übrigens nicht ungesund – ganz im Gegenteil: Chicorée gilt als kalorienarm und reich an Mineralien.

Frischen Chicorée erkennt man an seiner Festigkeit sowie an seinen weißen, leicht gelb geränderten Blättern. Da er äußerst lichtempfindlich ist – Chicorée wird sogar im Dunkeln gezüchtet – sollte er auch entsprechend dunkel gelagert werden; der Kühlschrank ist dafür am besten geeignet. In feuchte Tücher gewickelt hält er sich hier vier bis fünf Tage lang.

Eisbergsalat

Eisbergsalat ist ein robuster Verwandter des Kopfsalats und stammt aus Kalifornien. Bekannt ist er auch unter den Namen Eis- oder Krachsalat. Seine Köpfe sind tatsächlich sehr knackig, fest und dicht verschlossen. Die Blätter sind besonders fleischig. Sie werden meist in Streifen geschnitten und haben einen milden Geschmack, zu denen Vinaigrettes und Sahnesaucen gleichermaßen passen. Zudem lässt er sich wegen seines fast neutralen Eigengeschmacks besonders gut mit anderen Zutaten kombinieren.

Eisbergsalat fällt wegen der sehr festen Struktur seiner Blätter nicht schnell zusammen. Deshalb kann er gut vorbereitet werden. Außerdem ist er besonders ergiebig, ein Salatkopf reicht für bis zu acht Portionen.

Von Mai bis Oktober ist Eisbergsalat als Freilandsalat zu kaufen. Treibhaussalate sind wesentlich kleiner. Wie beim Kopfsalat erkennt man die Frische an der Farbe des Strunks. Die Blätter dürfen keine bräunlichen Flecken haben.

Eisbergsalat ist sehr unempfindlich. In Folie verpackt lässt er sich im Gemüsefach des Kühlschranks bis zu drei Wochen lagern.

Eichblattsalat

Eichblatt- oder auch Eichenlaubsalat gehört wie auch Lollo Rosso und Lollo Bionda zu den Blatt- oder Pflücksalaten. Ein „Kopf" aus lose rosettenartig zusammenhängenden Blättern wiegt in der Regel maximal ein Pfund.

Eichblattsalat hat wie fast alle Pflücksalate einen leicht bitteren und nussigen Geschmack, weshalb er in Kombination mit Champignons, Räucherlachs, Croûtons oder Avocado sowie mit kräftigen Dressings – beispielsweise mit Rotweinessig oder auch Knoblauch gewürzt – ausgezeichnet schmeckt.

Seine weichen, dunkelgrün bis rotbraunen Blätter erinnern an Eichenlaub und sind überaus dekorativ. Allerdings ist Eichblattsalat recht empfindlich und man sollte schon beim Kauf auf Top-Qualität achten: Seine Blätter sollten auf jeden Fall noch fest sein. Am besten verbraucht man ihn am selben Tag, im Kühlschrank ist er, mit einem feuchten Tuch zugedeckt, höchstens eine Nacht haltbar.

In den Sommermonaten erhält man Eichblattsalat bei uns als Freilandware, in den kalten Monaten wird er zumeist aus Südeuropa importiert.

Endiviensalat, Escariol & Frisée

Endiviensalat kommt in vielen Sorten vor, die bei uns bekanntesten sind die ganzblättrigen Winterendivien, auch Escariol genannt, und die schlitzblättrigen, krausen Sorten, die Frisée-Salate. Beide haben einen leicht bitteren Geschmack, denn vor allem die unteren Blattteile enthalten viele Bitterstoffe. Da diese appetitanregend wirken, sind Endivien ideale Vorspeisensalate. Der Strunk ist allerdings so bitter, dass er nicht verwendet wird.

Sowohl Frisée als auch Escariol haben außen grüne Blätter und innen ein zartes gelbes Herz. Die kräftigen Blätter schneidet man am besten in Streifen. Frisée-Blätter sind sehr dekorativ und gut zum Mischen mit anderen Salaten geeignet. Endivien harmonieren gut mit süßlichen und milden Zutaten wie Mangospalten oder Orangenstückchen. Kräftige Dressings eignen sich ebenso wie milde Sahnesaucen.

Endivien werden von Mai bis Dezember als heimische Freilandware angeboten. Einzelne bräunliche Blattspitzen sind nicht von Bedeutung. Das gelbe Herz sollte jedoch unversehrt sein, es wird schnell faul.

Endiviensalat hält mit feuchten Tüchern bedeckt im Kühlschrank bis zu drei Tage. Frisée ist deutlich empfindlicher.

Feldsalat

Feldsalat ist ein Wintersalat, der auch als Acker-, Vogerl-, Nüsslisalat oder Rapunzel bekannt ist. Wie einer der Namen bereits verrät, hat er einen feinen nussigen Geschmack.

Man unterscheidet zwei Sorten: eine großblättrige mit hellgrünen, länglich-breiten Blättern, die einzeln geerntet werden und eine kleinblättrige mit dunkelgrünen, samtigen Blättern – hier wird die gesamte Blattrosette verwendet. Aromatischer und ausgeprägter im Geschmack ist die kleinblättrige Sorte. Diese sollte vor dem Verzehr von Wurzeln befreit und gründlich gewaschen werden.

Feldsalat schmeckt ausgezeichnet in Kombination mit einer würzigen Vinaigrette, die mit Nussöl angemacht wird. Aber auch mit kräftigen Zutaten wie Zwiebeln, Croûtons oder gebratenen Speckwürfeln verträgt er sich gut. Feldsalat enthält besonders viel Vitamin A und C sowie Kalium und Eisen – damit aktiviert dieser Salat die Immunabwehr und fördert die Blutbildung.

Hauptsaison für Feldsalat ist von Herbst bis Februar. Beim Einkauf sollte man darauf achten, dass die Blätter knackig aussehen. Feldsalat ist sehr ergiebig, pro Person reichen etwa 35 Gramm. Geputzt und leicht mit Wasser befeuchtet hält er sich im Plastikbeutel bis zu einer Woche im Kühlschrank.

Kopfsalat

Oft wird Kopfsalat einfach nur grüner Salat genannt. Er hat relativ wenig Eigengeschmack und ist deshalb der ideale Partner für die kräftiger schmeckenden Blattsalate wie Radicchio oder auch Eichblattsalat. Besonders gut schmeckt er in Kombination mit pikanten Saucen und Dressings. Die klassische Sauce für den Kopfsalat ist die Kräutervinaigrette, gut passen aber auch Joghurt- und Sahnedressings.

Wichtig: Kopfsalat immer erst kurz vor dem Servieren anmachen, er fällt sonst zusammen. Die Blätter sollten nicht geschnitten werden, sondern nur gezupft. Man verwendet nicht nur das zarte Salatherz, sondern auch die kräftig grünen Blätter, denn Vitamin- und Mineralstoffgehalt nehmen beim Kopfsalat nach innen hin ab.

Saison für knackig grünen Freilandsalat ist von Mai bis Oktober. Treibhausware ist kleiner, wesentlich heller und bildet weniger feste Köpfe. Die Frische des Salats erkennt man an der Schnittfläche des Strunks: Ist diese bereits braun gefärbt, wurde der Salat schon länger gelagert. Am besten schmeckt Kopfsalat natürlich frisch, leicht mit Wasser besprüht und in ein feuchtes Tuch gehüllt hält er sich jedoch drei bis vier Tage im Gemüsefach des Kühlschranks.

Lollo Rosso & Biondo

Lollo Rosso ist eine italienische Pflücksalat-Variante – mit seinen stark gekrausten rötlichen Blättern ist er besonders attraktiv. Er hat einen kräftigen, leicht bitteren und recht nussigen Geschmack und lässt sich daher besonders gut mit zartem Kopfsalat kombinieren. Eine Variante ist der hellgrüne Lollo Biondo – er ist nicht ganz so herzhaft im Geschmack wie der rote.

Zu beiden Salaten passen sowohl eine kräftige Vinaigrette als auch eine Sahnesauce. Sie harmonieren aber auch bestens mit gebratenem Fleisch, Fisch, Eiern oder Käse.

Für die Zubereitung kann man die Blätter entweder vom Stängel schneiden oder abzupfen. Anschließend sollte man sie gut waschen. Lollo Rosso und Lollo Biondo müssen nach dem Waschen besonders gut getrocknet werden, denn in den gekrausten Blättern sammelt sich viel Wasser.

Von Mai bis September ist Lollo Rosso als Freilandware zu kaufen. Den Rest des Jahres kommt er aus Gewächshäusern. Die Blätter können manchmal hart sein, deshalb sollte man die Außenblätter überprüfen. Locker in einen Plastikbeutel gepackt sind Lollo Rosso und Lollo Biondo im Kühlschrank einige Tage haltbar.

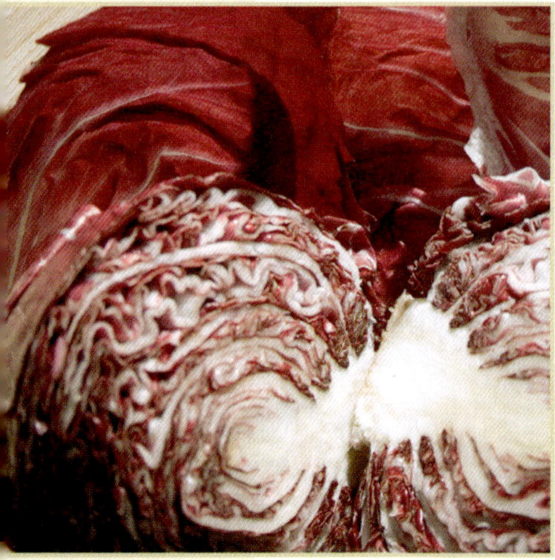

Radicchio

Durch seine purpurfarbenen Blätter und weißen Rippen bringt Radicchiosalat Abwechslung auf grüne Salatplatten. Der kleine rote Italiener bringt aber auch einen feinwürzigen, bitteren Geschmack mit und lässt sich deshalb gut mit Feldsalat, Fenchel und Staudensellerie kombinieren. Bei uns sind meist kleine, runde Köpfe im Handel. Da die Blätter recht dünn sind und sehr dicht liegen, reicht ein einzelner Kopf – vor allem in Verbindung mit einer anderen Salatsorte – für einen vier-Portionen-Beilagensalat meist aus.

Vor der Zubereitung sollten die äußeren Blätter entfernt werden. Sie schmecken zu bitter. Die restlichen Blätter werden in Stücke gezupft oder in feine Streifen geschnitten.

Radicchio verlangt nach kräftigen Dressings mit aromatischen Ölen oder intensiv schmeckendem Essig. Reichlich Kräuter und Knoblauch runden den Geschmack ab. Radicchio ist ein Freilandsalat, der von Juni bis Oktober Hauptsaison hat. Importe aus Frankreich und Italien gibt es das ganze Jahr über. Einen frischen Salat erkennt man an seinem geschlossenen Kopf. Die Blätter dürfen keine braunen Stellen haben.

Im Kühlschrank hält er sich locker in Papier eingeschlagen problemlos eine Woche.

Römischer Salat

Der Römische Salat, auch Lattich, Romana oder Sommerendivie genannt, ist mit dem Kopfsalat verwandt. Er hat aber einen leicht herben und herzhafteren Geschmack. Die grünen Blätter des Römischen Salats sind sehr robust, stark gerippt und knackig. Auch mit warmen Zutaten behalten sie ihre Festigkeit. Kombinationen mit Fleisch, Fisch oder Gemüse eignen sich daher hervorragend.

Zum Römischen Salat passen sowohl kräftige Dressings mit Kräutern und Zwiebeln, als auch milde Sahnesaucen. Vor dem Verzehr müssen die Blätter abgelöst und in kleine Stücke gerupft oder in Streifen geschnitten werden.

Dieser Salat ist von August bis Anfang November als einheimische Freilandware erhältlich. Von Mitte November bis Mai sind Importe im Angebot.

Einen guten Römischen Salat erkennt man an seinen frischen und knackigen Blättern und einem festen geschlossenen Kopf. Der Romana hält sich locker in einen Plastikbeutel gepackt etwa drei Tage im Kühlschrank.

Gemüse

Reichhaltige Auswahl

Ob als Früchte, Schoten, Zwiebeln oder Stangen: Gemüse präsentiert sich formen- und farbenfroh in vielerlei Familien. Zartes Blattgemüse wie Spinat, Knollengemüse wie Fenchel, Kohlgemüse wie Chinakohl oder feine Wurzelgemüse wie Mohrrüben oder Petersilienwurzel – sie alle werden mit ein wenig Kreativität, Fantasie und Lust zu köstlichem Salatgenuss.

Um sich im vielfältigen Gemüsemarkt der heimischen und auch exotischeren Sorten orientieren zu können, stellt dieses Kapitel die wichtigsten Gemüsesorten vor. Sie alle spielen auch im Rezeptteil dieses Buches eine Rolle und so gibt es entsprechende Informationen zu Herkunft, Einkauf, Lagerung und Haltbarkeit der einzelnen Sorten. Außerdem gibt es wertvolle Tipps zur Zubereitung.

Artischocke

Artischocken sind die Blütenköpfe eines Distelgewächses. Das edle Gemüse mit einem leicht herbbitteren Geschmack ist nicht nur delikat, sondern auch ausgesprochen gesund. Artischocken sollen z.B. den Cholesterinspiegel senken, die Verdauung fördern und den Appetit anregen. Letztere Eigenschaft ist wohl auch der Grund, warum Artischocken mit Dip zu einem echten Klassiker unter den Vorspeisen geworden sind.

Bei den großköpfigen Artischocken sind nur der fleischige untere Teil der Blätter sowie der Boden essbar. Die kleinköpfigeren Artischockensorten, die sehr jung geerntet werden, können auch im Ganzen verzehrt werden. Aus kleinen bis mittelgroßen Sorten gewinnt man die besonders köstlichen Artischockenherzen. Frische Artischocken erkennt man an ihren saftig grünen, eng anliegenden Blättern und geschlossenen Köpfen. Sie sollten möglichst bald verzehrt werden.

Für die Zubereitung von Salaten bietet es sich an, auf fertig eingelegte Artischockenherzen oder -böden aus dem Glas bzw. der Dose zurückzugreifen. Dies erspart eine Menge Zeit – und nicht zuletzt auch Geld.

Avocado

Die köstlichen exotischen Steinfrüchte mit dem cremig-buttrigen Geschmack sind vor allem aus der mexikanischen Küche bekannt, wo sie unter anderem Grundzutat für die Avocadocreme „Guacamole" sind.

Mit einem Fettgehalt von 25 bis 30 % ist die Avocado eine echte Kalorienbombe. Davon sollte man sich aber grundsätzlich nicht abschrecken lassen, denn in Maßen verzehrt sind die Früchte durchaus gesund. Sie enthalten zum Beispiel überwiegend ungesättigte Fettsäuren sowie Kalium und die Vitamine B und E.

In Salaten harmonieren Avocados besonders gut mit Shrimps oder Krabben, aber auch mit Früchten. Schale und Stein der Frucht sind nicht essbar. Man verwendet nur das Fruchtfleisch, das sich sowohl pürieren als auch in Stücke schneiden lässt. In jedem Fall sollte man es möglichst sofort mit Zitronensaft beträufeln, da es sonst schnell braun wird.

Der Reifegrad von Avocados lässt sich durch eine „Drückprobe" bestimmen. Harte Früchte sind noch unreif, sehr weiche sind überreif. Im Idealfall gibt die Schale auf Druck leicht nach. Unreife Früchte reifen zu Hause nach. Man bewahrt sie am besten bei Zimmertemperatur und in Zeitungspapier gewickelt auf. Reife Avocados halten sich etwa zwei bis drei Tage im Kühlschrank.

Fenchel

Fenchel ist eine Gemüseknolle mit einem feinen Anisaroma, die als Rohkost vor allem aus der italienischen Salatküche bekannt ist – meist in Kombination mit Blattsalaten und Tomaten. Will man die Knolle roh verarbeiten, wird sie zunächst längs halbiert, damit der Strunk entfernt werden kann. Danach wird das knackige Gemüse in hauchdünne Scheiben geschnitten, gehobelt oder auch geraspelt. Damit die Schnittstellen hell bleiben, sollten geschnittene Fenchelknollen sofort mit Zitronensaft beträufelt werden. Das zarte Fenchelgrün, das oben aus der Knolle wächst, ist ebenfalls essbar und zugleich sehr dekorativ.

Natürlich kann man den Fenchel auch gegart zu Salat verarbeiten. Dazu dünstet man ihn kurz an, anschließend lässt er sich hervorragend marinieren.

Das gesunde Gemüse hat einen hohen Gehalt sowohl an Vitamin C als auch an Vitamin E. Hauptsaison für die Gemüse-, Gewürz- und Heilpflanze ist von Ende September bis April. Beim Einkauf sollte man darauf achten, dass die Knollen makellos weiß sind und das Fenchelgrün frisch ist.

In Frischhaltefolie verpackt hält Fenchel sich im Gemüsefach des Kühlschranks bis zu zwei Wochen.

Gurke

Schlangengurken gibt es zwar ganzjährig zu kaufen, aber am besten schmecken sie, wenn sie im Sommer im Freiland geerntet wurden. Gekühlt und mit einem leichten Joghurt-Dressing stellen sie an heißen Tagen eine so köstliche wie kalorienarme Erfrischung dar. Abseits von Supermarkt-„Normgrößen" kann eine einzige Freiland-Gurke mehrere Kilo auf die Waage bringen – je größer die Gurke, desto kräftiger sind allerdings dann auch ihre Kerne.

Schlangengurken können geschält und auch ungeschält zubereitet werden – ob man sie hauchdünn hobelt, in dünne Scheiben oder auch in Würfel schneidet, ist Geschmackssache. In Kombination mit weichen Blattsalaten ist es sinnvoll, die Gurke zu entkernen, da sie sonst den Salat leicht verwässern kann.

Beim Kauf ist darauf zu achten, dass Gurken eine straffe, dunkelgrüne Schale und feste Enden haben – weiche Gurken sind meist nicht frisch und können muffig bis bitter schmecken. Im Gemüsefach des Kühlschranks gelagert sind Gurken einige Tage haltbar. Von Tomaten und Früchten sollte man sie bei der Lagerung fernhalten.

Hülsenfrüchte

Hülsenfrüchte gehören zu den ältesten Kulturpflanzen und sind auch heute noch in vielen Ländern wichtiges Grundnahrungsmittel. Sie zeichnen sich nicht nur durch gute Lagerfähigkeit, sondern auch durch einen hohen Nährwert aus, denn sie sind ballaststoff-, eiweiß- und vitaminreich. Galten Hülsenfrüchte früher oft als „Arme-Leute-Essen", liegen sie nun wieder zunehmend im Trend und werden selbst von Gourmet-Köchen neu entdeckt.

Die bekanntesten Hülsenfrüchte sind Bohnen, Erbsen und Linsen. Man erhält sie frisch, getrocknet, teilweise tiefgekühlt sowie bereits gegart in Konserven. Sie eignen sich für ganz klassische, aber auch exotischere Salatvariationen. So sind die roten Kidneybohnen vor allem aus der amerikanischen und der mexikanischen Küche bekannt.

Bohnen: Sehr verbreitet ist die Stangen- oder Kletterbohne, die je nach Art Bohnen mit gelber (Wachsbohnen) oder mit grüner Hülse hervorbringt. Beide Arten sind für Salate sehr beliebt. Brechbohnen hingegen sind größer, ihre Hülsen fleischiger und sie werden vor dem Kochen in Stücke zerbrochen. Besonders zart und delikat im Geschmack sind die feinen Prinzessbohnen oder die Keniabohnen – letztere sind samen- und fadenlos.

Erbsen: Erbsen zählen zu den ältesten kultivierten Gemüsearten und werden in Pal- oder Schalerbsen sowie Mark- und Zuckererbsensorten unterteilt. Markerbsen und Zuckererbsen sind süß und zart und so für Salate besonders geeignet. Zuckererbsen – auch Kaiser- oder Zuckerschoten genannt – zeichnen sich dadurch aus, dass man ihre Schote mitessen kann. Generell sind frische Erbsen nicht besonders lange haltbar und sollten rasch verzehrt werden. Beim Kauf ist auf glatte, grüne Schoten zu achten.

Als Trockenerbsen gibt es gelbe und grüne Sorten, sie müssen vor dem Verzehr eingeweicht werden. Besonders beliebt für Salate sind die im asiatischen Raum und am Mittelmeer beheimateten Kichererbsen. Man kauft sie am besten getrocknet und weicht sie über Nacht ein.

Linsen: Diese Hülsenfrüchte werden nach Farben und Größen unterschieden. So gibt es braune, gelbe oder rote – letztere kommen bereits geschält auf den Markt, brauchen daher nicht eingeweicht zu werden und sind bereits nach etwa 10 Minuten weich gekocht. Die feinen braunen Puy-Linsen stammen aus Frankreich und gelten als besonders edel. Doch auch die größeren braunen Linsen – bei uns als Tellerlinsen vor allem aus deftigen Eintöpfen bekannt – können zu Salaten verarbeitet werden. Getrocknete Linsen sind sehr lange haltbar, wenn sie trocken und dunkel aufbewahrt werden.

Kartoffeln

Sieglinde, Nicola, Linda, Cilena oder Selma – hinter diesen wohlklingenden Namen verbergen sich nicht etwa hübsche Mädchen, sondern festkochende Sorten eines der wichtigsten Grundnahrungsmittel überhaupt: der Kartoffel.

Die in Südamerika beheimatete Knollenpflanze ist gesund und enthält zum Beispiel hochwertiges pflanzliches Eiweiß, Ballaststoffe sowie verschiedene Vitamine. Außerdem zeichnet sie sich durch einen relativ neutralen Eigengeschmack aus und ist damit eine Beilage zu Speisen aller Art sowie eine optimale Basis für verschiedenste Salatvariationen. Hierfür eignen sich die festkochenden Sorten besonders gut.

Weiterhin unterscheidet man zwischen sehr frühen, frühen, mittelfrühen und späten Kartoffeln. Besonders die sehr frühen Sorten, die etwa ab Juni erhältlich sind, gelten als Delikatesse. Beim Einkauf sollte man auf feste und unbeschädigte Kartoffeln ohne Druckstellen, Keime oder grünen Stellen achten. Sie sollten immer kühl und dunkel gelagert werden, aber nicht im Kühlschrank, denn dort ist es zu kalt.

Topinambur

Ursprünglich in Südamerika beheimatet, kamen die Topinambur-Knollen schon im 17. Jahrhundert nach Europa und galten lange Zeit als Delikatesse. Später wurde die Knolle von der Kartoffel verdrängt und geriet weitgehend in Vergessenheit. Aus den rötlichen Knollen lassen sich nicht nur köstliche Gemüsegerichte zubereiten, sondern auch gesunde Rohkostsalate. Der Geschmack der rohen Topinambur erinnert an Artischocken – daher wird sie auch Erdschocke oder Jerusalem Artischocke genannt – gegart bekommt sie ein leicht nussartiges Aroma.

Da die Knollen eine nur sehr dünne Schale haben, werden sie – wie Möhren – entweder nur gewaschen und gebürstet oder dünn abgeschabt. In Salat wird Topinambur vorzugsweise geraspelt – und zwar am besten direkt in Zitronensaft, da sich das Fruchtfleisch sonst sehr schnell braun verfärbt.

Mit ihrem süßlichen Geschmack eignet sich Topinambur auch für Fruchtsalate, und zwar sowohl roh als auch blanchiert und in Scheiben geschnitten. Besonders gut harmoniert sie mit Nüssen oder auch Sesam.

Knoblauch

Diese alte Kulturpflanze ist nicht nur in vielen Küchen dieser Welt als Gewürz oder auch Gemüse beliebt, sondern ebenso als Heilpflanze. So schwört so mancher auf täglich eine rohe Knoblauchzehe zum Schutze der Gesundheit. Die im Knoblauch enthaltenen Sulfide wirken nämlich unter anderem antibakteriell und entzündungshemmend.

Knoblauch ist bei uns ganzjährig erhältlich. Besonders fein im Aroma ist frischer Knoblauch im Frühsommer. Die getrockneten, in Strängen oder Zöpfen zusammengebundenen Zwiebeln hingegen sind intensiver im Geschmack. Frischen Knoblauch erkennt man an prallen Zehen und der etwas durchscheinenden äußeren Haut. Treibt bereits ein grüner Keim aus der Zwiebel, so ist sie nicht mehr ganz frisch. Sie kann zwar noch verwendet werden, den Keim sollte man allerdings entfernen. Da Knoblauch nicht lange hält, sollte man nur kleine Mengen kaufen.

Wer nur einen Hauch von Knoblauch am Salat schmecken möchte, reibt die Schüssel mit einer längs durchgeschnittenen Knoblauchzehe aus. Für den vollen Geschmack presst man die Zehe durch oder zerdrückt sie mit Salz: Dazu wird sie in dünne Scheiben geschnitten, mit Salz bestreut und nach einigen Minuten mit einer Messerklinge fein zerdrückt – das Salz hat die Zellstruktur aufgeweicht.

Kohlgemüse

Ob Rosenkohl, Kohlrabi, Blumenkohl, Brokkoli, Chinakohl, Rot- oder Weißkohl – alle Kohlsorten sind reich an wertvollen Mineralstoffen und außerdem regelrechte Vitaminbomben. Damit eignen sie sich besonders im Winter als gesunde Basis für verschiedene Salatvariationen.

Brokkoli: Er ist ein Verwandter des Blumenkohls, schmeckt jedoch etwas würziger. Als Zutat in Salaten kann er sowohl nur kurz blanchiert als auch gedünstet verwendet werden. Beim Einkauf sollte man auf dichte, feste Blütenköpfe mit kompakten dunkelgrünen Röschen achten. Generell sollte frischer Brokkoli rasch verarbeitet werden, denn er welkt recht schnell. In Folie gewickelt hält er sich nur wenige Tage im Gemüsefach des Kühlschranks.

Weißkohl: Diesem auch als Weißkraut bekannten Kohl begegnet man häufig in deftigen Gerichten, zum Beispiel Eintöpfen sowie in Form des beliebten Sauerkrauts. Aber auch in Salaten lässt er sich hervorragend einsetzen. Dabei wird er meist als Rohkost verwendet, oder man lässt ihn in Salz ziehen, damit er weich wird. Frischen Weißkohl erkennt man an festen, makellosen Köpfen und kräftigen Blättern. Im Gemüsefach des Kühlschranks hält er sich etwa zwei Wochen.

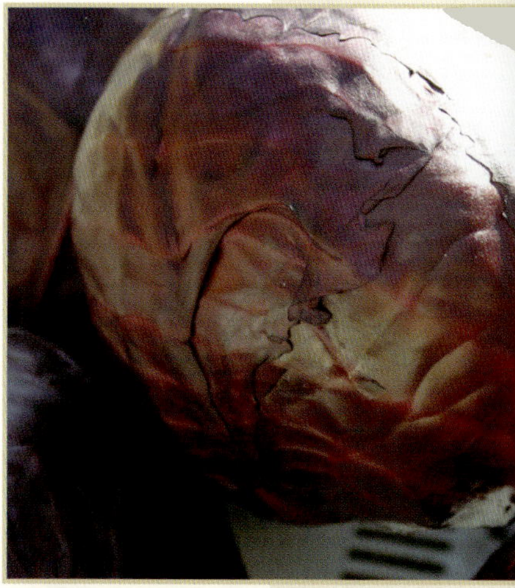

Rotkohl: Die intensiv rotviolett gefärbten Blätter führten zu den verschiedenen Namen wie Rotkraut, Blaukraut oder auch Roter Kappes. Im Vergleich zum Weißkohl ist er etwas süßlicher und feiner im Geschmack. Ein klassisches Gewürz zu gekochtem Rotkohl sind Nelken; Kümmel macht ihn leichter verdaulich. Rotkohl gehört zwar zu den Wintergemüsen, wird aber ganzjährig angeboten. Als Rohkost sollte man ihn sehr fein schneiden.

Chinakohl: Diese Sorte ist sehr mild und eignet sich gut für die Zubereitung von Salaten aller Art. Er zeichnet sich durch seine typische länglich ovale Form, die weiße, hellgelbe bis hellgrüne Farbe und die rippenartige Struktur der Blätter aus. Da er keinen Strunk besitzt, entsteht bei der Zubereitung kaum Abfall. Man entfernt lediglich die äußeren Blätter – und schneidet dann den ganzen Kohl z.B. in dünne Streifen. Nach dem Kauf, bei dem die oberen Blattspitzen des festen Kohlkopfs auf keinen Fall welk sein sollten, ist er rund eine Woche im Gemüsefach des Kühlschranks haltbar.

Weitere: Als Rohkost beliebt sind außerdem zarte Kohlrabi-Knollen. Doch auch aus Rosenkohl – ob gegart oder sogar roh – lassen sich würzige Salate zubereiten.

Lauch

Lauch – auch unter dem Namen Porree bekannt – gehört zur Zwiebelfamilie. So erinnert auch sein pikant-herber bis süßlicher Geschmack an den von Zwiebeln; Lauch ist allerdings um einiges zarter und milder.

Das Schöne am Lauchgemüse ist, dass es das ganze Jahr über immer frisch erhältlich ist. Man unterscheidet den Erntezeiten entsprechend zwischen Frühlings-, Sommer- und Winterlauch, wobei der zarte, feine Frühlingslauch sich im Gegensatz zu den derberen Wintersorten auch für den Rohverzehr eignet, was ihn für die Zubereitung von Salaten geradezu prädestiniert.

Bei der Zubereitung ist es wichtig, die Lauchstangen gründlich zu putzen. Zunächst entfernt man die harten äußeren Blätter, dann ritzt man die Stange der Länge nach ein, um sie unter kaltem Wasser auszuwaschen. Für Salate eignet sich hauptsächlich der weiße bis hellgrüne Teil der Stange. Dunkelgrünes Laub sollte eher für Suppen oder Eintöpfe verwendet werden. Frischen Lauch erkennt man an geraden, festen, unbeschädigten Stangen. Die Blätter sollten frisch, knackig und leuchtend grün sein. Im Gemüsefach des Kühlschranks hält er sich in Folie gewickelt bis zu einer Woche.

Mais

Bei Mais unterscheidet man zwischen dem Körnermais, der relativ viel Stärke enthält und hauptsächlich zu Maismehl und -grieß verarbeitet wird, und dem Gemüse- oder Zuckermais, welcher als Gemüse Verwendung findet. Ganze Zuckermaiskolben schmecken köstlich gekocht oder gegrillt und mit Butter bestrichen. Man knabbert dann die Körner vom Kolben ab, oder schabt sie herunter.

Bei der Zubereitung von Salaten empfiehlt es sich allerdings, den Mais fertig gegart in Dosen zu kaufen, denn das spart Arbeit und Zeit. Die leicht süßlichen Maiskörner sind vielseitig einsetzbar und passen gut in Gemüse-, Kartoffel-, Nudel- oder Reissalate. Sie harmonieren auch sehr gut mit Ananas.

Als Babymais bezeichnet man die ganz jung geernteten Kolben von Gemüsemais, die nur etwa 10 cm lang sind. Man kennt sie aus der asiatischen Küche, wo sie häufig in Wok-Gerichten auftauchen. Die zarten Kölbchen lassen sich im Ganzen verzehren. Man erhält sie zumeist säuerlich eingelegt in Gläsern; in gut sortierten Gemüsehandlungen bekommt man sie auch frisch.

Mangold

Mangold ist ein Rübengewächs, bei dem nicht die Knollen, sondern die Blätter und Stiele in der Küche Verwendung finden. Es gibt zahlreiche, zum Teil sehr dekorative Sorten mit Blattfarben von weißlich bis kräftig grün-rot.

Das eiweiß- und mineralienreiche Gemüse wird in Blatt- und Stielmangold unterschieden. Blattmangold – auch als Schnittmangold bezeichnet – hat kleinere Blätter und schmalere Blattstiele und wird wie Spinat zubereitet. Vom Stielmangold können zarte Blätter und besonders auch die Stiele verwendet werden, die allerdings eine längere Garzeit benötigen.

Frischen Mangold erkennt man an seinen festen und glänzenden Blättern. In ein feuchtes Tuch eingeschlagen ist Stielmangold im Kühlschrank mehrere Tage haltbar.

Mangold muss besonders gründlich gewaschen werden, da sich in den Rillen der Blattrippen oft Erde festsetzt. Dazu die Blätter vom Wurzelansatz schneiden und einzeln waschen. Abfall entsteht kaum, wenn man die Stiele mit verwendet. Sie brauchen zum Garen aber längere Zeit als die Blätter. Darum zuerst die Stiele zerkleinern und vorgaren, bevor man die Blätter in den Topf gibt.

Möhren

Jede Menge Vitamin A tankt man mit dem Verzehr von Möhren auf. Dieses wird jedoch nur in Verbindung mit Fett vom Körper aufgenommen. Deshalb sind Dressings mit Sahne oder Öl ideal für Salate mit Möhren, die häufig auch Karotten oder Wurzeln genannt werden.

Für Rohkostsalate eignen sich junge, frisch geerntete Möhren am besten. Sie werden – als Bundmöhren – mit Grün angeboten und müssen schnell verbraucht werden. Wenn man das Grün nach dem Kauf direkt entfernt, halten diese Möhren sich etwas länger frisch. Nachdem sie gründlich gewaschen sind, können sie ungeschält geraspelt werden. Nicht mehr ganz so frische Wurzeln kann man knackig garen, dann in Scheiben schneiden und marinieren.

Zarte Bundmöhren gibt es im Frühsommer, beim Einkauf sollte man darauf achten, dass das Kraut der Bundmöhren frisch ist. Waschmöhren werden im September frisch geerntet. Danach werden eingelagerte Möhren oder Importprodukte angeboten. Die Rüben sollten stets unverletzt und ohne Flecken sein. Waschmöhren halten sich problemlos im Kühlschrank bis zu vier Wochen.

Paprika

Paprika gibt es in verschiedenen Sorten: Neben Tomatenpaprika, Spitzpaprika und scharfer Gewürzpaprika ist Gemüsepaprika die geläufigste. Das gesunde Gemüse, das unter anderem viel Vitamin C enthält, eignet sich sehr gut für Rohkostsalate verschiedenster Art.

Man erhält grüne, gelbe und rote Schoten, wobei die grünen noch unreif und eher bittersüß bis herbwürzig im Geschmack sind. Gelbe Schoten sind etwas reifer und so auch milder. Die voll ausgereiften roten Schoten schmecken am süßesten. Inzwischen gibt es sogar Züchtungen in Orange oder Schwarzviolett.

Bei der Zubereitung entfernt man den Stiel der Paprika sowie die Kerne und Trennwände. Die Schote kann dann roh in Ringe oder dünne Streifen geschnitten werden. Enthäuten lassen sich die Schoten im Backofen: Dazu die ganze Schote auf ein Blech bei ca. 180 Grad legen und warten, bis sie sich schwarz färbt und Blasen wirft. Dann herausnehmen, mit einem feuchten Tuch bedecken und nach kurzer Zeit die Schale abziehen.

Frische Paprika ist das ganze Jahr über erhältlich. Beim Kauf sollte man auf knackige, glänzende, feste Schoten achten. Im Gemüsefach des Kühlschranks lässt sich Paprika mehrere Tage lang aufbewahren.

Petersilienwurzel

Die Petersilienwurzel – auch Wurzelpetersilie genannt – gehört, wie der Name schon zeigt, zur Petersilienfamilie. Das gesunde Wintergemüse war bereits ein bisschen in Vergessenheit geraten, kommt aber zunehmend wieder in Mode.

Den meisten wird sie sicher schon einmal zusammen mit Möhren und Sellerie als Suppengemüse begegnet sein. Sie eignet sich außerdem zur Herstellung von köstlichen Cremesuppen oder Pürees. Tatsächlich kann man die Petersilienwurzel aber auch für die Zubereitung von schmackhaften und gesunden Rohkostsalaten verwenden, beispielsweise in Verbindung mit Möhren und Äpfeln.

Äußerlich ähnelt die weiße, längliche, spitz zulaufende Wurzel kleinen Pastinakenwurzeln; im Geschmack erinnert das Gemüse eher an Sellerie oder Petersilie. Das Grün oben an der Wurzel kann man, sofern es noch frisch ist, wie Blattpetersilie als Küchenkraut verwenden. Die Wurzel selbst wird wie eine Möhre geschabt. Frische Petersilienwurzel sollte nicht schlaff oder welk sein; man erkennt sie an einer glatten Schale und festem Fleisch. Im Kühlschrank hält sie sich etwa eine Woche.

Pilze

Pilze können in ihrer Sortenvielfalt eine schöne Bereicherung für Salate darstellen. So kann man beispielsweise einen asiatisch angehauchten Salat mit Shiitake-Pilzen oder einen wunderbar herbstlichen Feldsalat mit Pfifferlingen kreieren. Generell gilt jedoch, dass die meisten Pilze nicht roh verzehrt werden sollten, weshalb man sie am besten vorher dünstet oder brät, je nach Geschmack pur, mit Zwiebeln oder Speck.

Einer der bekanntesten und beliebtesten Pilze für die Zubereitung von Salaten ist sicher der Champignon. Da er kein allzu intensives Eigenaroma hat, lässt er sich universell einsetzen. Zudem gehört er zu den Pilzen, die auch roh gegessen werden können. Gebraten hat er jedoch mehr Aroma. Da es sich um einen Zuchtpilz handelt, ist er das ganze Jahr über erhältlich und auch relativ preiswert.

Im Handel sind sowohl weiße als auch braune Sorten, zum Beispiel so genannte Egerlinge, erhältlich. Beim Einkauf sollte man darauf achten, dass die Champignonköpfe fest und glatt sind. Gekühlt halten sich frische Champignons etwa zwei bis drei Tage.

Radieschen, Rettich & Co.

Mit Radieschen, Rettich und vor allem Meerrettich lassen sich verschiedenste Salate pikant verschärfen. Verantwortlich für das typische Aroma der Rettiche sind in erster Linie Senföle, die übrigens auch gesund sind. Die verschiedenen Rettichsorten unterscheiden sich in Schärfegrad, Form und Farbe der Schale, die weiß, rot, schwarz oder blau sein kann. Rettich – oder Radi – hat eine milde Schärfe; er wird für Rohkostsalate gewaschen, geschält und in Scheiben geschnitten, geraspelt oder gehobelt.

Die kleinen Radieschen geben Salaten schon deutlich mehr Schärfe, sie werden auch gerne zur Dekoration verwendet. Beim Einkaufen sollte man zu festen und knackigen Radieschen mit frischem Laub greifen. Da sie schnell schrumpelig werden, entfernt man am besten Blätter und Wurzeln, bevor man die Radieschen im Gemüsefach des Kühlschranks lagert.

Meerrettich ist mit seinem beißend scharfen Geruch und Geschmack zweifellos der feurigste Vertreter der Rettiche. Wer empfindlich auf Schärfe reagiert, sollte bei der Verarbeitung Handschuhe tragen, das Fenster öffnen und ihn am besten in einer Küchenmaschine raspeln. Mit Zitronensaft beträufelt wird er nicht so schnell braun. Frischer Meerrettich hält sich im Gemüsefach des Kühlschranks einige Wochen. Ersatzweise kann man zu Fertigprodukten aus Tube oder Glas greifen.

Rote Bete

Die Roten Rüben, Salatbete oder Salatrüben, wie die Rote Bete auch genannt werden, sind ein Gemüse mit langer Tradition – bereits die Römer brachten sie nach Mitteleuropa. Ihre heutige kräftig rote Farbe bekam sie allerdings erst später durch entsprechende Veredelung.

Rote Bete kennt man häufig aus deftigen, oft leicht säuerlichen Salaten – wie dem Heringssalat – oder auch als Salatfertigprodukt in Essig eingelegt aus dem Glas. Wer vor dem etwas aufwändigen Kochen frischer Roter Bete zurückschreckt, kann auf gegartes, geschältes und vakuumverpacktes Gemüse zurückgreifen, das in vielen Supermärkten angeboten wird.

Doch die Zubereitung frischer Knollen lohnt sich: Sie können nämlich nicht nur gekocht, sondern auch als Rohkost zu köstlichen Salaten verarbeitet werden. Hierfür eignen sich am besten die ganz jungen, noch zarten Knollen. Wer rote Hände durch das starke Abfärben der Knolle vermeiden will, sollte zum Schälen oder Raspeln am besten Gummihandschuhe tragen.

Sellerie

Für einige ist Sellerie vielleicht nur ein Suppengemüse, dabei sind sowohl Knollensellerie als auch Staudensellerie echte Allround-Talente in der Küche und zudem ausgesprochen gesund. Beide lassen sich sowohl gegart als auch roh für köstliche Salate verwenden.

In feine Streifen geschnitten bzw. geraspelt ist Knollensellerie mit seinem frisch-würzigen Geschmack eine wunderbare Basis für Rohkostsalate, wie z.B. im Waldorfsalat. Aber auch gekocht eignet er sich für diverse Gemüsesalate. Anhand der Schale lassen sich keine Rückschlüsse auf den Frischegrad des Knollenselleries ziehen. Generell gilt, dass die Knolle beim Daranklopfen nicht hohl klingen sollte und dass das Blattgrün, falls vorhanden, frisch aussehen sollte. Im Gemüsefach des Kühlschranks lässt sich Knollensellerie problemlos ein bis zwei Wochen lagern.

Der auch als Stangen- oder Bleichsellerie bekannte Staudensellerie ist im Aroma etwas milder als sein knolliger Verwandter. Das saftige Gemüse kann als Rohkost mit Dips geknabbert oder kurz blanchiert werden. Frischen Staudensellerie erkennt man an knackigen Stangen und frischem Blattgrün.

Spargel

Spargel ist für viele der König aller Gemüse und erfreut sich als gesunder und köstlicher Schlankmacher allseits großer Beliebtheit. Er enthält viele Vitamine und Mineralstoffe, und da er zu über 90 Prozent aus Wasser besteht, hat er kaum Kalorien.

Weißer Spargel wächst unter Erdwällen und hat bei uns von April bis Juni Saison. Wichtig ist, ihn vor dem Kochen oder Blanchieren gut zu schälen (am besten mit einem Spargel- oder Sparschäler), da holzige Stellen den Genuss trüben.

Frischen Spargel von guter Qualität erkennt man an geraden, festen Stangen, geschlossenen Köpfen und frischen Schnittenden. Außerdem quietschen frische Stangen, wenn man sie aneinander reibt. Zur Aufbewahrung wickelt man ihn am besten in ein feuchtes Tuch. Im Gemüsefach des Kühlschranks hält er sich so einige Tage frisch.

Im Gegensatz zu seinem hellen Bruder wächst der grüne Spargel am Tageslicht. Er ist im Aroma etwas kräftiger. Bei grünem Spargel muss nur das untere Drittel geschält und das holzige Ende abgeschnitten werden. Da er recht zart ist, muss er nicht unbedingt blanchiert werden; man kann ihn auch einfach in etwas Butter anbraten.

Spinat

Bei Spinat denken viele sicher sofort an Popeye, den Seemann, der das Gemüse seit Jahrzehnten als kraftspendendes Wundermittel propagiert. Auch wenn der extrem hohe Eisengehalt, der dem Gemüse jahrelang nachgesagt wurde, eine Legende ist, die sich inzwischen als falsch herausgestellt hat, ist Spinat trotzdem ausgesprochen gesund. Er enthält beispielsweise viele Mineralien und Vitamine, unter anderem Vitamin A und C.

Beim Spinat unterscheidet man zwischen Frühlings-, Sommer- und Winterspinat. Der derbere, grobe Winterspinat wird immer gekocht, während sich der Sommerspinat und ganz besonders der zarte, junge Frühlingsspinat roh zu Salaten verarbeiten lassen. Dafür sollte man ihn zunächst sorgfältig verlesen und dabei harte Blätter und Stiele entfernen. Anschließend wird der Spinat dann gründlich gewaschen.

Frischen Spinat sollte man möglichst immer sofort verbrauchen – zum Lagern ist er nicht geeignet.

Tomaten

Tomaten gibt es in zahlreichen Sorten und Züchtungen von fleischigen Gemüsetomaten über runde, eiförmige bis hin zu den kleinen Cocktail- oder Kirschtomaten. Für Salate eignen sich vor allem Eier- und Kirschtomaten. Letztere sind besonders aromatisch und fruchtig-süß.

Am besten schmecken Tomaten im Sommer aus heimischem Anbau. Cocktailtomaten kann man auch auf dem Balkon selbst ziehen – bekommen sie ausreichend Sonne, liefern sie über Monate köstliche Früchte. Beim Einkauf sollte man darauf achten, dass die Tomaten fest und unbeschädigt sind. Gelagert werden sie ohne Verpackung an einem trockenen und kühlen Ort. Im Kühlschrank verlieren Tomaten ihr Aroma, die ideale Lagertemperatur liegt zwischen 10 und 13 Grad.

Beim Vorbereiten von Tomaten sollte man den Stielansatz herausschneiden, da er giftiges Solanin enthält. Sollen die Tomaten gehäutet werden, ritzt man ihre Haut oben kreuzweise ein und überbrüht sie mit kochendem Wasser. Sobald die Haut aufspringt, kann man die Früchte aus dem Wasser nehmen und abziehen.

Zucchini

Zucchini – aus dem Italienischen „kleiner Kürbis" – kennt man besonders aus der mediterranen Küche, aber auch hierzulande erfreut sich das unkomplizierte und gesunde Gemüse schon lange großer Beliebtheit: Es ist auch bei uns sehr leicht anzubauen und in der Küche ausgesprochen vielseitig und einfach zuzubereiten.

Man muss Zucchini nicht schälen und sie schmecken sowohl gebraten, als auch gedünstet, überbacken oder als Rohkost. Dabei können sie ganz nach Lust und Laune in Scheiben oder Würfel geschnitten oder geraspelt werden. Mit ihrem eher dezenten, milden bis nussartigen Geschmack eignen sie sich sehr gut für feine Marinaden, zum Beispiel mit kräftigen Kräutern wie Rosmarin. Selbst die Zucchiniblüten sind essbar und gelten als ganz besondere Delikatesse.

Es gibt gelbe und grüne Zucchini. Generell gilt: Je kleiner, desto aromatischer sind sie im Geschmack, denn größere Exemplare enthalten mehr Wasser. Das Fruchtfleisch der Zucchini sollte fest und die Schale unbeschädigt sein. Das Gemüse sollte nicht zusammen mit Tomaten oder Obst gelagert werden, denn letztere sondern das Gas Ethylen ab, was die Zucchini rascher reifen, aber auch viel schneller verderben lässt.

Zwiebeln

Zwiebeln zählen zu den klassischen Zutaten, die Salaten eine pikante Würze verleihen. Seit Jahrhunderten werden sie nicht nur als Gemüse sondern auch als Heilpflanze geschätzt. In der Küche sind ihre Einsatzmöglichkeiten enorm: ob roh, gedünstet oder gebraten, ob als Suppe, Kuchen oder gefüllt, ob gewürfelt, in Ringen oder Scheiben – kaum ein Gemüse zeigt sich vielseitiger. Dabei ist Zwiebel nicht gleich Zwiebel – zur Familie zählen zahlreiche Zuchtformen und Sorten:

Speisezwiebel: Die klassische Küchen- oder auch Haushaltszwiebel ist ein Universaltalent und kann immer verwendet werden, wenn von „Zwiebeln" die Rede ist. Sie ist an einem kühlen Ort gut lagerfähig, weist einen recht scharfen Geschmack auf, der bitter werden kann, wenn die Zwiebel nicht mehr ganz frisch ist. Die Schärfe lässt sich durch Andünsten der Zwiebel mindern.

Gemüsezwiebel: Die „große Schwester" der Speisezwiebel kann bis zu ein Pfund schwer werden und ist deutlich milder im Geschmack. Wie der Name schon sagt, eignet sie sich besonders als Grundlage für Gemüsegerichte oder auch zum Füllen. Rohe Gemüsezwiebel-Ringe ergänzen gut kräftige Blattsalate.

Rote Zwiebel: Sie fällt durch ihre dunkelrote Schalenfarbe auf, die sich im Inneren der Zwiebel fortsetzt. Die manchmal auch als Spanische Zwiebel bezeichnete Sorte ist nicht nur recht mild, sondern auch sehr attraktiv, und wird so gerne dekorativ auf Salaten angerichtet.

Schalotten: Die eleganten Vertreter der Zwiebel-Familie setzen sich zunehmend in der Salatküche durch. Es gibt längliche, rosafarbene Sorten, die würzig, aber nicht ausgeprägt scharf schmecken. Runde Schalotten mit bräunlich-rötlicher Schale hingegen zeigen meist deutlich mehr Schärfe. Schalotten empfehlen sich besonders bei feinen Salaten – z.B. mit edlen Essig- oder Ölsorten, in denen Speisezwiebeln zu aufdringlich wären.

Frühlingszwiebeln: Sie werden auch Lauchzwiebeln genannt und ganz jung geerntet, nämlich dann, wenn sie gerade erst einen Knollenansatz gebildet haben. Daher sind sie auch noch weich und mild, vor allem in den grünen Teilen. Besonders aus der asiatischen Salatküche sind Frühlingszwiebeln nicht wegzudenken – man verwendet sie roh in feine Scheiben geschnitten, kann sie aber auch kurz in der Pfanne andünsten. Lauchzwiebeln verwelken schnell und sollten frisch verbraucht werden.

tamper proof seal
AUTENTICO ITALIANO
DA MARCO
italienisches
TRAUBENKERNÖL
Waldburg
Balsam
Mango

Zutaten

Die besten Begleiter

Vielfältige Geschmackswelten

Ein Salat lebt nicht vom Salat allein. Erst die Kombination mit ausgewählten Zutaten verleiht ihm seinen geschmacklichen Charakter und macht ihn unverwechselbar. Dabei spielt natürlich das Dressing eine maßgebliche Rolle: So erhält ein einfacher „grüner Salat" eine völlig andere geschmackliche Note, wenn er mit einem leicht gezuckerten Sahne-Zitronendressing angemacht wird, als wenn er mit einer kräftigen Kräuter-Senf-Vinaigrette serviert wird.

Doch nicht nur die Art des Dressings ist für den Geschmack entscheidend, sondern ebenso die Wahl anderer, begleitender Zutaten. Damit sind hier weniger weitere Salat- oder Gemüsearten gemeint, sondern vielmehr Kräuter und andere würzende Zutaten – von Anchovis und Kapern bis zu Trockenfrüchten und Nüssen.

Dieses Kapitel widmet sich zunächst den Kräutern und Gewürzen, die nicht nur attraktive und dekorative Garnituren sein können, sondern als wesentliche Aromenträger dienen.

Essig und Öl sind die beiden oft unersetzlichen Begleiter, die nicht nur die Aromen von Salaten unterstreichen oder hervorheben, sondern die ihnen auch ganz eigene, unverwechselbare Geschmacksnoten verleihen können. Aus der inzwischen fast unüberschaubaren Vielfalt unterschiedlichster Essig- und Ölsorten werden die wichtigsten vorgestellt.

Einen besonderen „Kick" bekommen viele Salate aber auch durch ganz andere – manchmal vielleicht überraschende – Zutaten. So lassen sich beispielsweise durch geröstete Nüsse ebenso ausgefallene Geschmackserlebnisse erzielen, wie durch unterschiedlichst aromatisierte Croûtons oder sogar einen Schuss Fruchtsaft oder Alkohol.

Kräuter

Das gewisse grüne Etwas

Frische Kräuter sind das A und O der gesunden Salatküche. Sie verleihen Salaten nicht nur ganz individuelle Aromen, sorgen für eine extra Portion Vitamine oder helfen, Salz zu sparen – sie erfreuen auch das Auge und verleihen vielen Gerichten so das gewisse Etwas. Dabei sind manche Kräuter in verschiedenen Regionen fast untrennbar mit bestimmten Salat-Gerichten verbunden – wie Dill mit Gurkensalat in Deutschland oder Basilikum mit Tomaten in Italien.

Bei der Auswahl von Kräutern zu den verschiedenen Salatsorten kann in der Regel die Devise „weniger ist mehr" gelten. So verbinden sich Kräuter und Salat besonders harmonisch, wenn die Kräuter den Eigengeschmack eines Salates unterstreichen, ihn jedoch nicht dominieren.

Frische Ernte

In der Salatküche hat man die Wahl zwischen gefrorenen, getrockneten und fri-

schen Kräutern. Dabei versteht es sich fast von selbst, dass man am besten zu frischen Blättern oder Stängeln greift, denn die frischen Kräuter entwickeln meist das beste Aroma.

Besonders bei Kräutern, die immer wieder zum Einsatz kommen, lohnt es sich, diese im Topf zu kaufen oder selbst zu ziehen. Ein heller Standort im Haus bietet für viele Kräuter bereits ausreichende Bedingungen zum Gedeihen. So lassen sich Kresse, Petersilie, Schnittlauch oder Basilikum gut im Blumentopf auf einer hellen bis sonnigen Fensterbank ziehen. Für einige andere – wie Estragon, Dill oder Minze – sollte allerdings schon ein größerer Kübel auf Balkon oder Terrasse zur Verfügung stehen. Diese Pflanzen breiten sich stärker aus oder brauchen mehr Platz für ihre tiefen Wurzeln.

Der Kräuterkauf

Beim Einkauf geschnittener Kräuter als Bundware ist die Frische entscheidend: So sollten die Stängel fest sein und es dürfen keine Triebe oder Blätter herunterhängen. Die Kräuter sollten zudem eine satte Farbe aufweisen – sind sie blass, hatten sie vermutlich nicht genug Sonne und somit einen etwas geringeren Vitamingehalt. Reibt man ein paar Blättchen zwischen den Fingern, sollten sie einen intensiven Duft verströmen. Sind Kräuter in Plastikfolie verpackt – wie oft bei Töpfen im Supermarkt der Fall – muss diese unbedingt löchrig sein – nur so bekommen die Pflanzen ausreichend Luft.

Wildkräuter

Sie sind seit alters her bekannt, waren lange Zeit fast vergessen oder als „Unkräuter" verpönt und werden zunehmend wiederentdeckt: Wildkräuter wie Löwenzahn, Sauerampfer, Brunnenkresse oder Brennnessel. Wurden sie früher selbstverständlich für die Küche und auch als Heilmittel gesammelt, so müssen wir heute oft erst lernen, sie auf Wiesen oder in Wäldern überhaupt zu erkennen. Doch es lohnt sich: Wildkräutersalate sind wahre Köstlichkeiten und verwandeln so manchen „normalen" Salat in echte Delikatessen.

Wildkräuter enthalten zwar meist mehr wertvolle Inhaltsstoffe als Kulturkräuter, doch leider sind sie manchmal auch schadstoffbelastet. Deshalb sollte man sie in möglichst unberührter Natur und z.B. nicht in der Nähe stark befahrener Straßen sammeln. Pflücken sollte man nur solche Kräuter, die man wirklich kennt – geerntet werden junge, zarte Triebe. Für den Transport eignet sich ein Korb – keinesfalls sollte man Plastikbeutel verwenden! Auch Wildkräuter sollte man immer waschen; verwendet man die frisch gesammelten Kräuter noch am Tag der Ernte, steht dem besonderen kulinarischen Vergnügen nichts im Wege.

Getrocknet oder tiefgefroren

Als Alternativen zu frischen Kräutern bietet der Handel getrocknete und auch tiefgefrorene Kräuter an – zum Teil als fertige Mischungen. Getrocknete Kräuter sollten dabei immer dunkel verpackt und später ebenso gelagert werden – nur so erhalten sie möglichst lange ihr Aroma. Bei getrockneten Salatkräuter-Mischungen sollte man einen genauen Blick auf die Inhaltsstoffe werfen: Häufig stehen hier nämlich Zucker, Salz oder Geschmacksverstärker an erster Stelle; geschmacklich auf der besseren Seite ist man bei der Verwendung „reiner" Kräuter – also ohne weitere Zusätze.

Tiefkühlkräuter sind nicht so lange haltbar wie die getrockneten. An Geschmack verlieren sie, sobald sie einmal angetaut waren. Zum Einfrieren besonders geeignet sind Küchenkräuter wie Petersilie, Schnittlauch und Dill – sie werden zunächst gewaschen, sorgfältig trockengetupft und anschließend nicht zu fein geschnitten. Gut portionieren lassen sich die Kräuter übrigens in Eiswürfelbehältern.

Die folgenden Seiten geben einen Überblick über die wichtigsten Kräuter, die auch im Rezeptteil verwendet werden.

Petersilie

Die Petersilie zählt zweifelsohne zu den Klassikern unter den Küchenkräutern. Das Gewürz mit dem herb-würzigen Geschmack ist in der Küche vielseitig verwendbar. Wie so vielen Kräutern wird auch der Petersilie eine heilende Wirkung nachgesagt. So soll sie zum Beispiel appetitanregend, verdauungsfördernd und harntreibend sein.

Generell unterscheidet man zwischen glattblättriger und krausblättriger Petersilie, wobei die glatte wesentlich aromatischer im Geschmack ist, während die krause wegen ihres ansprechenden Äußeren besonders gern zum Dekorieren und Garnieren verwendet wird. Am besten verwendet man die Petersilie frisch, notfalls kann man aber auch auf tiefgekühlte Produkte zurückgreifen.

Schnittlauch

Der bekannte und beliebte Schnittlauch ist ein Verwandter der Zwiebel, im Geschmack aber erheblich feiner und milder. Er wirkt appetitanregend und verdauungsfördernd. Die grünen Halme sind nicht nur ausgesprochen dekorativ, weshalb sie oft und gern zum Garnieren benutzt werden, sondern auch sehr würzig. In feine Röllchen geschnitten verleiht dieses Würzkraut mit seinem typischen Laucharoma Salaten eine pikante Note. Schnittlauch wird übrigens nicht gehackt, sondern am besten mit einem scharfen Messer geschnitten und frisch auf die Speisen gestreut. Getrocknet verliert er erheblich an Aroma.

Dill

Der im Volksmund auch unter dem Namen Gurkenkraut bekannte Dill wird traditionell zum Würzen von eingelegten Gurken verwendet. Außerdem ist er eine beliebte Zutat zu Fischgerichten aller Art.

Die dekorativen, feingefiederten Blättchen eignen sich auch für unzählige Salatvariationen und Dressings. Der würzig-aromatische Geschmack des Dills geht ein wenig in Richtung Anis, Fenchel oder Kümmel. Wie die meisten frischen Kräuter sollte man auch Dill am besten frisch verwenden. Ihm wird appetitanregende, verdauungsfördernde und krampflösende Wirkung zugeschrieben.

Gartenkresse

Das Würzkraut mit dem kräftigen, scharfen Geschmack erinnert ein wenig an Rettich oder Senf und eignet sich hervorragend als Salatzutat und -garnitur. Dabei sind die feinen, grünen Blättchen der Kresse, die meist relativ jung geerntet werden, Augenschmaus und Gaumenfreude zugleich. Zudem ist das Kraut ausgesprochen gesund und enthält beispielsweise Vitamin C, Vitamin B und Carotin.

Kresse wird das ganze Jahr über, meist in kleinen Keimschälchen, angeboten; sie sollte immer frisch geerntet werden. Es ist aber auch kein Problem, selbst frische Kresse auf der Fensterbank zu ziehen, denn sie keimt relativ schnell und kann schon nach etwa einer Woche geerntet werden.

Zitronenmelisse

Wenn man die Blätter der Zitronenmelisse leicht zwischen den Fingern verreibt, breitet sich sofort ein intensiver Zitronenduft aus. Früher wurde das aromatische Würzkraut aufgrund seiner Heilkräfte, zum Beispiel bei Unruhezuständen und Einschlafstörungen, geschätzt.

Heutzutage ist die erfrischende Zitronenmelisse eine beliebte Zutat zu Salaten, wobei sie sich durch ihren zitronigen, bittersüßen Geschmack auch ausgezeichnet für Fruchtsalate eignet. Man sollte darauf achten, die Blätter nur frisch zu verwenden, denn dann haben sie das beste Aroma. Zitronenmelisse ist frisch geschnitten im Bund oder im Topf erhältlich. Reste lassen sich auch gut einfrieren.

Minze

Den typischen Duft und Geschmack der Minze kennt man von Pfefferminztee, Kaugummi oder Lutschpastillen. Besonders im Sommer ist das Würzkraut beliebt, denn durch das in den Blättern enthaltene Menthol wirkt es kühlend und belebend. Die magenfreundlichen Eigenschaften der Minze sowie ihre krampflösende und schmerzstillende Wirkung machen sie außerdem zu einem beliebten Heilkraut.

In Deutschland eher als typische Dessertzutat, zum Beispiel in erfrischenden Fruchtsalaten, verwendet,

kennt man die Minze in vielen asiatischen Ländern oder im Mittelmeerraum auch als Zutat in pikanten Salaten.

Es gibt eine Vielzahl von verschiedenen Minzearten und -sorten, die sich vornehmlich in der Intensität ihres Geschmacks unterscheiden. Bekannt sind beispielsweise Pfefferminze oder Spearmint.

Basilikum

Aus der italienischen Küche ist dieses aromatische Würzkraut nicht wegzudenken. So ist Basilikum besonders als klassische Zutat zu Tomaten und Mozzarella bekannt; es verleiht aber auch zahlreichen anderen Salaten einen besonderen geschmacklichen Pfiff. Experimentierfreudige sollten sich nicht scheuen, auch einmal die Kombination von Basilikum mit Fruchtsalaten auszuprobieren (siehe Seite 274).

Aufgrund der steigenden Nachfrage nach Basilikum sind mittlerweile neben dem Europäischen Basilikum auch diverse andere Sorten im Handel erhältlich. So sind zum Beispiel das dekorative, rotblättrige Basilikum, Zitronen-Basilikum oder auch das würzig-aromatische Thai-Basilikum interessante Varianten.

Das Kraut sollte am besten frisch verwendet werden, denn es beginnt schnell zu welken. Geschnitten bewahrt man es in ein feuchtes Tuch eingeschlagen im Kühlschrank auf. Besser ist es allerdings, man kauft es im Topf und erntet nach Bedarf.

Estragon

Das Würzkraut mit den schmalen, langen Blättern spielt besonders in der französischen Küche eine wichtige Rolle und ist unter anderem Bestandteil der beliebten französischen Kräutermischung „Fines Herbes".

Estragon wird häufig zur Aromatisierung von Essig oder Senf verwendet, und so ist es nicht verwunderlich, dass er sich auch hervorragend für Salatdressings eignet. Im Geschmack ist das Kraut markant feinwürzig und herb. Da Estragon ein relativ intensives Aroma hat, setzt man ihn eher sparsam ein, damit sein Geschmack nicht dominiert.

Thymian

Bekannt ist dieser Verwandte des Majorans besonders aus der mediterranen Küche. Vielen ist er als wichtiger Bestandteil der Gewürzmischung „Kräuter der Provence" ein Begriff. Das würzige Kraut mit den kräftig duftenden Blättern und dem herben Geschmack eignet sich sehr gut zum Aromatisieren verschiedenster Gemüsesorten. Zum Verarbeiten streift man die kleinen Blättchen von den holzigen Stielen ab. Das Würzkraut lässt sich auch sehr gut durch Trocknen konservieren.

Neben dem „Echten" Thymian sind heutzutage diverse andere Arten erhältlich, die sich zunehmender Beliebtheit erfreuen, so zum Beispiel der Zitronen-Thymian mit seinem charakteristischen Zitronenaroma.

Rosmarin

Als wichtigen Bestandteil der mediterranen Küche verwendet man den ursprünglich im Mittelmeerraum beheimateten Rosmarin traditionell zum Würzen von Fleisch-, Fisch-, Grill-, Gemüse- und Kartoffelgerichten. Das robuste Kraut mit dem intensiven, herb-aromatischen Geschmack ist eigentlich kein typisches Salatkraut, findet aber Verwendung beim Aromatisieren von Würzölen, die wiederum diverse Salate verfeinern können.

Je nach Zubereitungsart werden die kleinen, stark duftenden, an Nadelhölzer erinnernden Blätter von den Stielen gezupft und fein gehackt, oder die Zweige werden im Ganzen verwendet. Blätter und Zweigspitzen des Rosmarins lassen sich sehr gut konservieren, indem man sie trocknet.

Salbei

Salbei gehört sicherlich zu den bekanntesten Würzpflanzen. Die Blätter schmecken herb und leicht bitter. Man kann sie frisch verwenden; werden sie mitgekocht, entfalten sie allerdings ein stärkeres Aroma. Wegen seines intensiven Geschmacks sollte man Salbei immer vorsichtig dosieren.

Salbei eignet sich ideal zum Verfeinern von mediterranen Gerichten. Er passt zudem gut zu pikanten Salaten mit Fleisch oder Schinken, und harmoniert ebenso mit Tomaten. Da geernteter Salbei relativ schnell sein Aroma verliert, sollte man ihn am besten immer frisch verwenden.

Majoran & Oregano

Majoran und Oregano sind zwei nahe miteinander verwandte Würzkräuter, die sich sowohl äußerlich als auch im Geschmack sehr ähneln. Majoran ist allerdings etwas milder. Den meisten ist er sicher als typisches Wurstgewürz und aus deftigen Eintöpfen oder fetten Fleischgerichten bekannt. Das rührt auch daher, dass ihm eine verdauungsfördernde Wirkung zugeschrieben wird. Er eignet sich aber auch gut zum Aromatisieren von Gemüse oder Salaten.

Die südländische Variante, der Oregano, ist das klassische Pizzagewürz. Als Zutat zu diversen Pasta- und Fleischgerichten ist er von großer Bedeutung für die mediterrane Küche. Er eignet sich aber auch für pikante Gemüsegerichte und Salate. Im Geschmack ist er etwas würziger und pfeffriger als der Majoran. Man kann die Blätter beider Sorten frisch oder getrocknet verwenden.

Koriander

Frisches Koriandergrün spielt in vielen asiatischen oder lateinamerikanischen Ländern eine ähnlich wichtige Rolle wie in Deutschland die Petersilie. So sorgt es beispielsweise in exotischen Salaten für das gewisse Etwas. Mit seinem scharf-bitteren, fast seifenartigen Aroma ist er allerdings nicht jedermanns Sache. Koriander dosiert man vorsichtig, da er sehr geschmacksprägend ist. Wer sich mit dem speziellen Aroma überhaupt nicht anfreunden kann, ersetzt das Gewürz am besten durch glatte Petersilie.

Gewürze

Schmackhafte Begleiter

Salz und Pfeffer sind die Basisgewürze, die in wohl jeder Küche zu finden sind. Sie heben nicht nur den Geschmack, sondern verleihen Salaten Duft und Würze. Neben diesen „Basics" gibt es natürlich viele weitere Gewürze, die Salate mit köstlichen Aromen veredeln. Eine Auswahl – auch exotischer Gewürze – stellen die folgenden Seiten vor.

Salz

Salz ist das wichtigste Würzmittel überhaupt und findet in Küchen überall auf der Welt Verwendung, denn es hebt Eigengeschmack und Aromen von Speisen hervor und macht sie dadurch schmackhafter.

Heutzutage beschränkt sich das Salzangebot nicht nur auf das klassische Tafel- oder Speisesalz, das in feiner und grober Körnung, mit Fluor oder Jod angereichert, erhält-

lich ist. Es gibt auch diverse Kräutersalze, die mit verschiedensten Gewürzen aromatisiert wurden. Sehr beliebt ist auch Meersalz, welches durch Verdunstung von Meerwasser in so genannten Salzgärten gewonnen wird.

Gourmets schätzen das „Fleur de Sel", ein französisches Meersalz, das in Handarbeit von der Wasseroberfläche abgelesen wird und daher auch einen entsprechenden Preis hat. Besonders im Trend liegt das relativ teure, leicht rosafarbene Himalaya-Salz. Es gilt als extrem gesund, was allerdings wissenschaftlich nicht bewiesen ist.

Zucker

Zucker ist ein beliebtes und häufig verwendetes Süßungsmittel. Ähnlich wie Salz fungiert er in diversen Speisen als Geschmacksverstärker. In Obstsalaten unterstreicht er die Süße der Früchte, beim Abschmecken von pikanten Salatdressings stellt er ein Gegengewicht zu den säuerlichen, salzigen oder scharfen Geschmacksrichtungen dar.

Am geläufigsten ist Haushaltszucker, der aus Zuckerrüben oder aus Zuckerrohr gewonnen wird. Zucker, der durch Raffination, also durch nochmaliges Auflösen und Kristallisieren, verfeinert wird, bezeichnet man als Raffinade. Im Handel ist Haushaltszucker in verschiedenen Formen und Körnungen erhältlich, so zum Beispiel als fein gemahlener Puderzucker, als grober Hagelzucker oder in Form von Würfelzucker.

Brauner Zucker oder Rohzucker zeichnet sich durch die hell- bis dunkelbraune Farbe und einen karamellartigen Geschmack aus. An ihm haftet teilweise noch Sirup, daher enthält er mehr Vitamine, Spurenelemente und Mineralien als raffinierter Zucker. Vollrohrzucker wird direkt aus dem frischen Pflanzensaft gewonnen, der eingedickt und getrocknet wird. Er ist ebenfalls besonders aromatisch und wird gerne in der Vollwertküche verwendet.

Pfeffer

Pfeffer gehört zu den weltweit beliebtesten Gewürzen und verleiht verschiedensten Speisen je nach Sorte mehr oder weniger Schärfe. Was bei uns oft unter der Bezeichnung „Pfeffer“ läuft, ist nicht immer Pfeffer im eigentlichen Sinne. Von dem in Vorderindien heimischen Pfefferstrauch (Piper nigrum) stammen nämlich nur der schwarze, weiße, grüne und rote Pfeffer ab.

Bei schwarzem Pfeffer handelt es sich um die unreif geernteten, ungeschälten grünen Beeren des Pfefferstrauchs. Getrocknet erhalten sie ihre typische schwarz-braune Farbe. Schwarzer Pfeffer ist besonders aromatisch.

Weißer Pfeffer wird dagegen aus den reifen, roten Früchten des Strauchs gewonnen. Die rote Schale wird entfernt, und nur der innere, weiße Stein getrocknet. Weißer Pfeffer hat weniger Aroma und Eigengeschmack als schwarzer, ist dafür aber schärfer. Aus optischen Gründen wird er gerne für helle Speisen verwendet.

Man erhält sowohl schwarzen als auch weißen Pfeffer in Pulverform. Es empfiehlt sich aber, ganze Pfefferkörner frisch in einer Pfeffermühle zu mahlen, denn so ist das Gewürz wesentlich aromatischer.

Grüner Pfeffer wird unreif geerntet und dann meist salzig oder sauer eingelegt. So bleibt er weich und wird meist in ganzen Beeren verwendet. Sie sind mild-fruchtig und sehr dekorativ.

Eine eher seltene Sorte ist der rote Pfeffer. Er wird aus roten, reifen Früchten gewonnen, die meist ungeschält eingelegt werden. Er ist etwas schärfer als der grüne Pfeffer.

Nicht zu verwechseln ist er mit dem so genannten rosa Pfeffer, der nicht mit den oben beschriebenen Sorten verwandt ist, sondern von einem anderen Strauch (Schinus) stammt. Die rosa Früchte werden meist getrocknet verwendet. Sie schmecken mild-süßlich und haben nur eine leichte Schärfe. Ihre Farbe macht sie zu einem optischen Highlight, sowohl in bunter Mischung mit weißem, schwarzem und grünem Pfeffer, als auch einzeln als Salatgarnitur.

Natürlich darf auch der bekannte Cayenne-Pfeffer nicht unerwähnt bleiben. Hierbei handelt es sich um nichts anderes als getrocknete, gemahlene Chilis. Damit hat das feine Pulver auch den höchsten Schärfegrad der hier vorgestellten Gewürze und sollte dementsprechend vorsichtig dosiert werden.

Chili

Chilis sind ein wichtiger Bestandteil der südamerikanischen Küche und geben auch vielen asiatischen Gerichten die nötige Schärfe. Die Auswahl der heutzutage im Handel erhältlichen Chilisorten ist riesig.

Man kann zwischen grünen oder roten, frischen oder getrockneten, großen oder kleineren Exemplaren auswählen. Grundsätzlich lässt sich feststellen: je kleiner die Früchte, umso schärfer sind sie.

Wer es weniger feurig mag, sollte unbedingt die Innenwände der Schoten und die Kerne herausschneiden, denn ihnen wohnt die stärkste Schärfe inne. Beim Hantieren mit frischen Chilis ist Vorsicht geboten, denn sie können leicht Haut und Schleimhäute reizen. Deshalb nachher gründlich die Hände waschen oder noch besser zum Schneiden Gummihandschuhe anziehen.

Frische Chilischoten halten sich einige Tage im Gemüsefach des Kühlschranks, getrocknete kann man länger aufbewahren. Hat man nichts davon im Haus, kann man auch auf Cayenne-Pfeffer (siehe Pfeffer-Kapitel) zurückgreifen.

Ingwer

Was wäre die asiatische Küche ohne dieses frisch-aromatische Gewürz mit der typischen Schärfe? Ingwer eignet sich zum Würzen von herzhaften, aber auch süßen Speisen aller Art. Die vielseitige Wurzel kann je nach Zubereitungszweck geschält oder ungeschält, gekocht oder roh, getrocknet oder frisch verwendet werden. Zudem gilt sie als ausgesprochen gesund und soll unter anderem antibakteriell wirken, bei Erkältungen und gegen Übelkeit helfen sowie die Durchblutung fördern.

Mit zunehmender Beliebtheit der asiatischen Küche sind frische Ingwerknollen heute in fast jedem Supermarkt oder Asienladen erhältlich. Beim Kauf sollte man unbedingt darauf achten, dass die Wurzeln prall und fest sowie die Haut glatt und glänzend ist. Frischer Ingwer hält sich einige Zeit im Gemüsefach des Kühlschranks. Für den Vorrat eignen sich außerdem kandierter Ingwer, eingelegter Ingwer (auch „Gari" genannt), den man traditionell zu Sushi serviert, oder Ingwerpulver.

Curry

Im Gegensatz zu den anderen beschriebenen Gewürzen handelt es sich bei Curry um eine Gewürzmischung. Die Ursprünge des Currypulvers liegen in Indien, wo das Wort „Curry" allerdings die Bezeichnung für eine Art Ragout aus Fleisch, Fisch oder Gemüse ist, das mit bestimmten Zutaten gewürzt wurde. Entsprechende Würzmischungen oder -pulver werden dort als „Masala" bezeichnet.

Eine Curry-Gewürzmischung kann aus über zwanzig verschiedenen fein gemahlenen Gewürzen bestehen, darunter zum Beispiel Kurkuma, was für die typische gelbe Farbe sorgt, Koriandersamen, Kreuzkümmel, Bockshornklee oder Chili. Im Supermarkt sind meist eher milde bis würzig-scharfe Currypulver erhältlich; eine größere Auswahl an erheblich schärfer gewürzten Mischungen findet man in Asienläden.

Senf

Seinen Senf dazugeben – das lohnt sich bei würzigen Salatsaucen allemal: Ob süß oder scharf, fein oder körnig, mit Kräutern oder Honig aromatisiert: Für jeden Geschmack und für die verschiedensten Salate gibt es eine große Auswahl an Senfsorten.

Ein bis zwei davon hat fast jeder im Haus – Senfliebhaber häufig auch mehr. Wer Salaten gern ein pikantes Senfaroma verleiht, sollte folgende drei Sorten vorrätig haben: mittelscharfen Senf, auch Delikatesssenf genannt; süß-körnigen Senf, wie aus Bayern bekannt, sowie einen Senf aus Meaux (Moutard de Meaux), in dem noch ganze Körner enthalten sind. Zudem wird man meist auch seinen individuellen Lieblingssenf im Hause haben – wie vielleicht Honig- oder Estragonsenf – der für eigene Dressing-Kreationen immer richtig ist!

Geöffnete Senfgläser werden im Kühlschrank aufbewahrt, dort sind sie gut verschlossen einige Monate haltbar.

Essig & Öl

Köstliche und kostbare Tropfen

So, wie einige Tropfen Parfum ausreichen können, um die Aura einer schönen Frau zu betonen, so reichen oft wenige Tropfen edlen Essigs oder Öls aus, um einen frischen Salat zu krönen. Sie genügen – vor allem in der südeuropäischen Küche – neben Salz und Pfeffer als Zutaten, um jedem frischen Salat eine würzige Note zu verleihen.

Eine Regel bei der Verwendung der beiden könnte dazu lauten: Je hochwertiger der verwendete Essig oder das verwendete Öl, desto weniger weitere Zutaten benötigt man zum Veredeln eines Salats. Dabei tragen Essig und Öl jedoch nicht nur zum schmackhaften Aroma eines Salats bei, sondern sind – richtig dosiert – auch gesund.

6
Waldburg
Balsam
Mango
Waldburg

Öl: Am besten kalt gepresst

Öl liefert wertvolle ungesättigte Fettsäuren und löst die fettlöslichen Vitamine – wie Vitamin A, E oder K – die zum Beispiel in Möhren oder Brokkoli enthalten sind. Um sie für den Körper verwertbar zu machen, reichen bereits sehr geringe Mengen Öl (beziehungsweise Fett) aus. Besonders hochwertig in Bezug auf Inhaltsstoffe und Aromen sind kaltgepresste Öle. Sie werden durch Pressen und Filtern hergestellt und sind – im Gegensatz zu raffinierten Ölen – keinen hohen Temperaturen ausgesetzt. Sie sind besonders geschmacksintensiv, aber auch sehr empfindlich: Da sie keine Konservierungsstoffe beinhalten, sind sie oftmals nicht sehr lange haltbar. Generell gilt es, kaltgepresste Öle dunkel und kühl, allerdings nicht im Kühlschrank, zu lagern.

Das richtige Öl auswählen

Nicht jedes Öl passt zu jedem Salat gleichermaßen gut. Daher gilt es darauf zu achten, dass die Aromen der einzelnen Zutaten – wie z.B. der starke Eigengeschmack eines Öles – den Salatgeschmack nicht überdecken. Bei geschmacksintensiven Ölen empfiehlt es sich, diese mit neutralen Ölen zu mischen. Folgender Überblick erleichtert die Auswahl:

Öle mit kräftigem Aroma:

Olivenöl: Je nach Anbaugebiet und Reifegrad der verwendeten Oliven sowie Herstellungsverfahren gibt es sehr kräftige aber auch mild-aromatische Öle. Man unterscheidet verschiedene „native", d.h. hochwertige kaltgepresste, von raffinierten Olivenölen. Die nativen Öle dürfen keine Zusätze enthalten. Olivenöl kann auch erhitzt werden.

Kürbiskernöl: Dickflüssiges Öl von dunkelgrüner bis brauner Farbe, mit kräftigem, nussigem Geschmack. Es sollte nur kalt verwendet werden, ist sehr lichtempfindlich und passt besonders zu kräftigen Salaten, z.B. aus Gemüse.

Walnussöl: Edles Öl aus den Kernen der Walnuss mit würzigem Nussaroma. Es verdirbt sehr schnell und sollte daher am besten nur in kleinen Mengen gekauft werden.

Sesamöl: Besonders in der asiatischen Küche beliebtes Öl; mit – je nach Sorte – dezentem bis kräftigem, sesam- bis nussartigem Geschmack. Dieses Öl kann man auch gut erhitzen.

Distelöl: Es wird aus den Samen der Färberdistel gewonnen und hat einen kräftigen bis strengen Geschmack.

Mild-aromatische Öle:

Sonnenblumenöl: Ein Klassiker unter den Salatölen, da sehr neutral im Geschmack. Es ist sehr lange haltbar und vielseitig einsetzbar.

Maiskeimöl: Ein geschmacksneutrales Öl, das sich vielseitig verwenden lässt.

Rapsöl: Reich an wertvollen ungesättigten Fettsäuren gilt Rapsöl inzwischen als mindestens so gesund wie Olivenöl. Sein Aroma ist nussig; das Öl eignet sich auch zum Erhitzen.

Traubenkernöl: Mildes Öl mit feinfruchtigem manchmal auch leicht nussigem Aroma. Es ist reich an mehrfach ungesättigten Fettsäuren.

Essig: Sauer und gesund

Auch Essig fördert die Gesundheit – so unterstützt er den Stoffwechsel und fördert die Nährstoffverwertung im Körper. Daher wundert es kaum, dass Essig schon vor Jahrtausenden bei den alten Kulturvölkern als Würz- und Heilmittel bekannt war.

Essigreifung – Je länger, je lieber

Essig entsteht durch alkoholische Gärung, also durch das „Umkippen“ zuckerhaltiger, vergorener Flüssigkeiten wie Wein, Obst- oder auch Branntwein. Dabei wandeln Essigbakterien (Acetobacter) den Alkohol mit Hilfe von Luftsauerstoff in Essigsäure um.

Dieser Gärprozess dauert bei dem heute gängigen „Submersverfahren“ zwar nur etwa 24 Stunden, aber die letztendliche Aroma-Qualität des Essigs hängt von seiner Reifedauer ab. So wird der anfangs noch als „spitzsauer“ bezeichnete Geschmack erst im Laufe der Zeit durch Lagerung in großen Bottichen milder – der Essig wird „weicher“ im Geschmack.

Ähnlich wie bei guten Weinen gibt es so auch beim Essig deutliche Qualitätsunterschiede, vom einfachen industriell hergestellten Branntweinessig bis hin zum edlen und ausgefeilten Winzeressig. Es gibt zahlreiche Essigsorten, wobei an den jeweiligen Namen bereits die Ausgangsstoffe der Sorten erkennbar sind. Gängige Sorten sind:

Weinessig: Aus Traubenwein, -saft oder Maische gewonnen; aus Weiß- oder Rotweinen. Immer beliebter sind Essige aus bestimmten Trauben, z.B. Riesling oder Chardonnay. Weinessige haben mindestens 6% Säure.

Aceto Balsamico tradizionale

Der „echte Balsamico", der „Aceto Balsamico Tradizionale" (ABT) wird durch Einkochen von Traubenmost gewonnen und reift mindestens 12 Jahre in Holzfässern. Er darf nur in den Regionen Modena (ABTM) und in der Reggio Emilia (ABT di RE) hergestellt werden und ist sehr teuer. Daher wird er häufig in sehr kleinen Mengen abgefüllt, es gibt ihn so schon in 100-ml-Flaschen. Beim Aceto Balsamico Tradizionale aus Modena verweist der Zusatz „extravecchio" auf eine Reifezeit von mindestens 25 Jahren.

Aceto Balsamico: Der Begriff an sich ist ungeschützt und gibt keinen Hinweis auf die Qualität des Essigs. Industriell gefertigter Balsamessig kann so aus Weinessig und Traubenmost hergestellt und mit Zuckerkulör dunkel gefärbt sein. Man erhält weiße und rote Sorten in unterschiedlichen Qualitäten. Auch die Bezeichnung „Aceto Balsamico di Modena" sagt nichts über die Güteklasse des Essigs aus – Probieren geht hier über Studieren.

Branntweinessig: In der Herstellung günstiger Essig meist auf Basis von Getreide, Kartoffel- oder Rübenbranntwein. Sein Geschmack ist neutral, er wird häufig mit Kräuterauszügen oder Aromen versetzt. Bei Tafelessig handelt es sich um ein Gemisch von Branntwein- (75%) und Weinessig (25%).

Obstessig: Wird auf Basis von Früchten, Fruchtsaft oder -most hergestellt. Am bekanntesten ist der Apfelessig, dem besondere gesundheitsfördernde Eigenschaften zugeschrieben werden.

Kräuter- und Aromaessig: Er wird mit Kräutern oder Gewürzen aromatisiert, häufig auf Basis von Tafelessig. Es gibt verschiedene – auch sehr hochwertige Qualitäten. Kräuter- und Aromaessige kann man auf Basis von Tafel- oder Weinessig gut selbst herstellen.

Öl & Essig selbst aromatisieren

Essig oder Öl nach eigenem Gusto selbst zu aromatisieren, ist ganz einfach: Die gewünschten geschmacksgebenden Zutaten – wie Gewürze, Kräuter oder Früchte – reinigen, evtl. kleinschneiden und in eine geeignete Flasche füllen. Mit einem neutralen, aber hochwertigen Öl bzw. mit Wein- oder Branntweinessig auffüllen, verschließen und einige Tage bis Wochen bei Zimmertemperatur stehen lassen. Hat der Ansatz den gewünschten Geschmack angenommen, werden die Zutaten entfernt.

Weitere Zutaten

Das Tüpfelchen auf dem I

Sprossen, Nüsse oder Samen, Kapern, Knoblauch oder Sardellen, Croûtons, Oliven oder Trockenfrüchte – diese und andere würzende Zutaten regen zu vielfältigen Salatkreationen an und verleihen auch dem einfachsten Salat einen besonderen Pfiff. Ob es dabei scharf, pikant, frisch oder fruchtig zugeht, bleibt den eigenen Vorlieben überlassen.

Sprossen & Keimlinge

Zunehmender Beliebtheit erfreuen sich verschiedenste Gemüse- und Getreidesprossen, die in jeder Küche schnell und einfach selbst gezogen werden können. Wie von der Kresse bekannt, brauchen die Samen lediglich Feuchtigkeit, Wärme und nach dem Keimen Licht, um innerhalb kürzester Zeit „geerntet" werden zu können.

Beliebte und geeignete Pflanzen für zarte Sprossen sind Brokkoli, Radieschen oder Rucola, außerdem Getreide wie Hafer, Hirse oder Mais sowie Hülsenfrüchte wie Erbsen, Soja- und Mungobohnen. Letztere

sollten immer kurz blanchiert werden. Bei Hülsenfrüchten wie Linsen oder Erbsen muss beim Kauf zudem auf Keimfähigkeit geachtet werden – Standardware aus dem Supermarkt ist häufig mit keimhemmenden Stoffen behandelt.

Beim Keimen der Samen steigt der Nährstoffgehalt stark an, und so sind Sprossen viel reicher an Vitaminen, Mineralstoffen und anderen Nährstoffen als später die ausgewachsenen Pflanzen. Sprossen bringen außerdem eine extra Portion Farbe und fein würzige Aromen auf den Salat.

Pikante Früchtchen

Oliven, Kapern, Kapernäpfel, getrocknete Tomaten, eingelegte Peperoni oder Zwiebeln – sie ergänzen Salate entweder im Ganzen oder auch fein geschnitten. Peperonis setzen scharfe Akzente, Oliven oder Tomaten sorgen für mediterranes Aroma oder verleihen Kapern eine pikante Note.

Da solch würzende Zutaten – besonders eingelegte – recht salzig sein können, empfiehlt es sich, sie in nicht zu üppigen Mengen zu verwenden. Fingerspitzengefühl ist auch in Verbindung mit dem Dressing gefragt.

Oliven gibt es in zahlreichen Sorten, nicht nur grüne oder schwarze, kleine oder große, italienische, spanische oder griechische, sondern eingelegt in Kräutern, mit Knoblauch oder auch gefüllt – etwa mit Paprika, Mandeln oder Schafskäse. Dementsprechend vielfältig sind die Geschmacksrichtungen, man hat also die Qual der Wahl. Man gibt Oliven als ganze Früchte oder auch in Ringe geschnitten zum Salat. Wer sich die Küchenarbeit erleichtern will, kauft bereits entsteinte Früchte.

Kapern sind die eingelegten Blütenknospen des Kapernstrauchs; sie sind etwa erbsengroß und durch die säuerliche Lake sehr pikant. Kapernfrüchte – auch Kapernäpfel genannt – sind deutlich größer und können ganz oder fein geschnitten verwendet werden. Kapern passen zu kräftigen Salaten und harmonieren gut mit Eiern oder mit kräftigeren Senfsaucen.

Würzendes aus der Pfanne

Ob kross gebratene Speckwürfel oder knusprige Bacon-Scheiben, ob naturbelassene Croûtons oder mit Gewürzen aromatisierte Brotwürfel: Kleine Leckereien als Topping für einen Salat sind auch in der Pfanne schnell zubereitet.

So gelten Speckwürfel auf Feldsalat schon lange als besonders delikat, und können beispielsweise mit Knoblauch oder Kräutern geröstete Weißbrotscheiben bunten Blattsalaten einen würzigen Touch verleihen. Zum Rösten von Croûtons eignen sich Oliven- oder andere Öle, wie auch Butter.

Nüsse und Samen

Walnüsse, Pinienkerne oder Sesamsamen, Haselnüsse, Sonnenblumenkerne oder Pistazien: Mit diesen kleinen, aber feinen Kernen und Körnern lassen sich viele Salate einfach veredeln. Dies gilt natürlich nicht zuletzt für Fruchtsalate.

Ein besonders intensives Aroma entfalten Nüsse, wenn sie leicht geröstet sind. Dazu werden sie in einer Pfanne ohne Fett so lange unter Rühren erhitzt, bis sie zu duften beginnen, bzw. eine leichte Bräunung annehmen.

Dressings

Die Saucen-Klassiker

Die köstliche Krönung

Sie würzen, runden ab und sind für viele die Krönung eines Salats – Salatsaucen oder Dressings, wie sie heute meist genannt werden. Dabei deutet der englische Begriff „Dressing" – der nicht nur mit „ankleidend", sondern auch mit „Dekoration" übersetzt werden kann – schon auf die zweiseitige Bedeutung der Salatsauce hin. So überzieht oder ummantelt sie nicht nur die Blätter oder Früchte eines Salats, sondern setzt die optische Attraktivität des Salats dekorativ in Szene.

Dabei hat jedes Dressing nicht zuletzt aber auch eine nützliche Aufgabe: Es fördert die Bekömmlichkeit vieler Salatzutaten oder macht sie für den Körper erst verwertbar – so werden bestimmte Vitamine beispielsweise erst durch das Fett im Dressing gelöst.

Jeder nach eigenem Gusto

So vielfältig die Salate selbst sind, so unterschiedlich sind auch die Saucen. In vielen südlichen Ländern stehen meist Essig, Öl, Pfeffer und Salz auf dem Tisch, der Salat wird pur serviert und jeder würzt ihn nach eigenem Gusto.

Sind Essig und Öl von guter Qualität, so reicht dies für den Genuss eines sommerlich frischen Blattsalats – vielleicht mit fruchtigen Tomaten, knackigen Gurken und pikanten Oliven – völlig aus.

Andernorts hingegen sind nicht nur die Salate an sich häufig deutlich gehaltvoller, sondern auch ihre Dressings. So ist beispielsweise ein deutscher Kartoffelsalat für viele ohne eine kräftig pikante Majonäse-Sauce kaum vorstellbar.

Die Menge macht's

Sprichwörtlich benötigt man zur Herstellung einer guten Salatsauce vier Personen: „Einen Verschwender für das Öl, einen Geizhals für den Essig, einen Kenner für das Salz und einen, der es versteht, die Sauce im richtigen Verhältnis an den Salat zu geben ohne ihn zu zerdrücken."

Letzteres kann dabei durchaus im doppelten Sinne des Wortes verstanden werden: Eine schwere Sauce, die zarte Salatblätter durch ihr Gewicht zerdrückt, ist genauso unpassend wie eine geschmacklich zu kräftige Sauce, die die feinen Aromen eines Salats „erdrückt".

So kommt es also beim Zubereiten und Dosieren von Salatdressings vor allem auf das richtige Fingerspitzengefühl an. Dabei spielt zwar das richtige Mengenverhältnis der Zutaten untereinander eine wichtige Rolle – entscheidend ist dabei jedoch auch der Geschmack der Zutaten: So muss bei einem kräftigen Öl in Verbindung mit einem milden Essig ein anderes Verhältnis gewählt werden, als bei einem neutralen Öl mit einem intensiven Essig.

Übung macht also auch bei Salatsaucen den Meister. Als Basis stellen wir auf den folgenden Seiten Schritt-für-Schritt nachvollziehbar die Zubereitung der wichtigsten Grundsaucen dar. Es sind dies die Vinaigrette, eine „weiße Sauce" – hier ein Sahne-Joghurt-Dressing, eine Majonäse sowie eine Remoulade.

Das Grundrezept schlechthin für die betreffende Sauce gibt es dabei nicht – jeder Koch bereitet sie etwas anders zu. Deshalb werden die hier vorgestellten Grundrezepte durch Alternativvorschläge ergänzt.

Vinaigrette

Zutaten: Frische Kräuter der Saison • 2 EL Essig (Wein-, Sherry- oder Kräuteressig) • 1 klein gehackte Schalotte oder 1/2 Zwiebel • 1 TL mittelscharfer Senf (alternativ auch Dijon- oder Kräutersenf) • 2 bis 3 EL Öl (Oliven- oder Sonnenblumenöl) • Salz • Pfeffer

Zubereitung: Zunächst die Kräuter fein hacken. Je nach Geschmacksintensität können dabei unterschiedlich große Mengen erforderlich sein.

Dann die Kräuter in eine Schale geben, mit dem Essig übergießen und verrühren. Der Essig entfaltet das Aroma der Kräuter. Keinesfalls sollte man zuerst das Öl über die Kräuter geben – es umschließt sie und mindert so deren Geschmacksintensität.

Jetzt die Schalotte oder die Zwiebel zu der Kräuter-Essig-Flüssigkeit geben und verrühren.

In einer zweiten Schale den Senf mit dem Öl verrühren. Am besten schlägt man den Senf dabei mit einem Schneebesen kräftig auf.

Salz und Pfeffer hinzugeben und unterrühren. Wenn die Konsistenz nicht flüssig genug ist, kann man etwas Wein oder Wasser hinzugießen und so lange weiter rühren, bis die Sauce dünnflüssig genug ist.

Zuletzt die Essig-Kräuter-Zwiebel-Mischung hinzugeben und alles zur fertigen Vinaigrette verrühren.

Alternativen: Es gibt unzählige Varianten der Vinaigrette. Dass kaum eine dieser Saucen wie die andere schmeckt, liegt allein schon an den unterschiedlichen Kräutern, Essig- oder Ölsorten. Man kann eine Vinaigrette auch ohne Zwiebeln, dafür aber mit Zucker oder Süßstoff zubereiten. Einige Köche rühren sie zudem mit Zitrone an, andere wiederum benutzen Himbeeressig, um ihr eine feine Süße zu verleihen. Beliebt ist auch, statt Oliven- oder Sonnenblumenöl Nussöl zu verwenden; dies empfiehlt sich besonders für Feldsalat.

Sahne-Joghurt-Sauce

Zutaten: 1 kleine Schalotte oder 1/2 Zwiebel • 50 ml Sahne • 1 EL weißer Joghurt • 1/2 Zitrone • frische Kräuter der Saison • Salz • Pfeffer

Zubereitung: Zunächst die Schalotte oder die Zwiebel sehr fein hacken und dann in eine größere Rührschüssel geben.

Jetzt die Sahne darüber gießen und mit den Zwiebeln verrühren.

Danach den weißen Joghurt gründlich unter die Schalotten-Sahne-Flüssigkeit rühren.

Nun die Zitrone auspressen und den Saft zu der Joghurt-Zwiebel-Mischung geben. Alles gut verrühren. Dann die Kräuter fein hacken und in die Sauce einrühren. Abschließend das Sahne-Joghurt-Dressing mit Salz und Pfeffer abschmecken.

Alternativen: Beim Variieren einer weißen Sauce sind der Fantasie kaum Grenzen gesetzt: So harmoniert der frisch säuerliche Geschmack von Joghurt sehr gut mit Knoblauch, fein gewürfelten Zwiebeln oder Kräutern – besonders gut passen hier z.B. Zitronenmelisse, Minze oder auch Dill.

Herbere Salate wie Chicorée oder Radicchio verlieren mit einer Sahnesauce etwas von ihrer Strenge, vor allem dann, wenn das Dressing mit etwas Fruchtsaft – wie frisch gepresstem Orangensaft – abgeschmeckt wird. Einen exotischen Touch bekommt ein weißes Dressing durch Gewürze wie Curry oder eine Messerspitze Kreuzkümmel; für eine süß-scharfe Variante empfehlen sich ein Löffel Ketchup und etwas Chili.

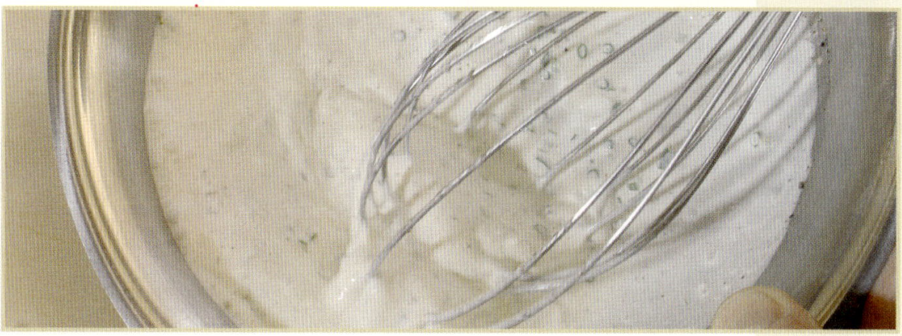

Majonäse

Zutaten: 2 Eigelb • 1 TL mittelscharfer Senf • Salz • Pfeffer • 1/8 l Öl (Sonnenblumenöl)

Zubereitung: Zunächst die Eigelbe vom Eiweiß trennen und dann in eine Rührschüssel geben. Den Senf hinzufügen; salzen und pfeffern.

Nun mit einem elektrischen Handrührgerät Senf, Eier und Würze miteinander schaumig schlagen. Während des Schla-

Auf Frische achten

Da die Majonäse aus ungekochten Eiern zubereitet wird, sollte bei den Eiern unbedingt auf Frische geachtet werden (Salmonellengefahr). Nach der Zubereitung kann die Sauce gut verschlossen circa eine Woche im Kühlschrank aufbewahrt werden.

gens das Öl tröpfchenweise hinzugeben und gleichmäßig einrühren. Es wird so viel Öl hinzugegeben, bis die Sauce eine dickflüssige Konsistenz erreicht hat.

Wie viel Öl dazu notwendig ist, hängt entscheidend von der Größe der Eier ab. Bei größeren Eiern kann bis zu $^1/_4$ l Öl für die Majonäse erforderlich sein.

Remoulade & Thousand-Islands

Majonäse ist der Grundbestandteil vieler weiterer Salatsaucen, allen voran der würzigen Remouladensauce und der Thousand-Islands-Sauce. Für beide Dressings stellt man zunächst eine Majonäse so her, wie auf den vorhergehenden Seiten beschrieben.

Remoulade

Zutaten: Majonäse • 2 kleine eingelegte Gurken und etwas Gurkensaft aus dem Glas • 1 Schalotte oder 1/2 Zwiebel • 2 TL Kapern • 2 Sardellenfilets • 1 gekochtes Ei • Salz • Pfeffer

Zubereitung: Zunächst die Majonäse zubereiten und in eine Rührschüssel geben. Dann circa 2 EL Gurkenwasser von eingelegten Gewürzgurken in die Rührschüssel geben. Salz und Pfeffer hinzufügen und alles gut miteinander verrühren.

Ein Ei hart kochen und würfeln. Sardellen, Kapern und Zwiebeln klein schneiden. Dann die Zutaten in die Majonäse geben und vorsichtig verrühren. Die Remoulade dann noch einmal abschmecken und gegebenenfalls noch einmal nachsalzen oder -pfeffern.

Thousand-Islands

Zutaten: Majonäse • 1 EL Chilisauce • 1 TL edelsüßes Paprikapulver • 2 EL Sahne

Zubereitung: Chilisauce (alternativ Ketchup und Chilipulver), Paprikapulver und Sahne zur Majonäse geben und das Dressing dann mit einem elektrischen Handrührgerät cremig schlagen.

Weitere Saucen

Tausend Alternativen

Wie die fast einhundert Rezeptvorschläge auf den kommenden Seiten zeigen, gibt es unzählige weitere Möglichkeiten, einen Salat mit einer feinen Sauce zu veredeln.

Herausragende Bedeutung bei der Wahl und Zubereitung von weiteren Saucen kommt dabei regionalen Kochgewohnheiten und -vorlieben zu. So kennt man beispielsweise ursprünglich in der spanischen Küche keine klassische Majonäse – sehr wohl aber Aioli, eine Knoblauchsauce ebenfalls auf Eierbasis, die der Majonäse sehr ähnelt.

Neben den oben vorgestellten Klassikern haben sich in den letzten 20 Jahren mit dem Aufkommen der leichten Küche neue Saucenvarianten vor allem auf Basis von Milchprodukten etabliert. Mit magerem Joghurt oder saurer Sahne angerührt sind sie fett- und kalorienarm. Man kann einzelne Milchprodukte auch mischen – so wird ein Joghurt-Dressing durch einen Schuss Sahne oder etwas Crème fraîche cremiger. Den gleichen Effekt erzielt man durch die Zugabe von einem Teelöffel Öl. In Joghurt-Saucen sorgt meist Zitronensaft für die Säure, man kann jedoch auch Essig verwenden.

Gleichwohl gibt es auch eine ganze Reihe von gehaltvolleren Varianten, die mit Sahne, Crème fraîche, Schmand oder auch Frischkäse zubereitet werden. Nicht zu vergessen sind dabei auch all diejenigen Dressings, die man mit anderen Käsesorten wie z.B. Gorgonzola anrührt.

Dem eigenen Geschmack und den individuellen Vorlieben sind so kaum Grenzen gesetzt. Wer experimentierfreudig ist, kann selbst das eine oder andere wohlschmeckende Dressing kreieren, das so in keinem Kochbuch zu finden ist.

Klassiker

Beliebt & bewährt

Internationale Spezialitäten

Fantasie und Kreativität sind beim Erfinden von Salaten wichtige Grundzutaten. Doch trotz der großen Fülle verschiedener Salat-, Gemüse- und Obstsorten sowie Kräutern oder Ölen erfreuen sich einige Salatvariationen rund um den Globus großer Beliebtheit. Ob der „Caesar Salad", der „Salade Niçoise" oder auch der deutsche Kartoffelsalat: Verschiedene Salat-Kreationen haben sich über viele Jahre hinweg bewährt und sind so zu echten Klassikern geworden.

Aufgrund ihrer großen Beliebtheit finden sie sich auf den Speisekarten fast aller internationalen Restaurants – ganz gleich ob in Europa, Amerika oder Asien. Die wichtigsten dieser klassischen Salatvarianten serviert dieses Kapitel.

Viele Varianten

Salatvarianten wie „Salade Niçoise“, „Caprese“ oder „Waldorfsalat“ assoziiert man sofort mit typischen, geschmacksprägenden Zutaten. Dazu zählen zum Beispiel der Parmesan beim „Caesar Salad“, Thunfisch und Eier beim „Salade Niçoise“ oder Äpfel und Sellerie beim „Waldorfsalat“.

Bei der Frage nach der genauen Zubereitung und Zusammensetzung der Zutaten scheiden sich allerdings oft die Geister. Man kann sagen, dass es wohl bei keinem der Klassiker das ultimative Rezept gibt. Im Laufe der Zeit wurden die Salate ständig verfeinert und abgewandelt. Man hat sie immer weiter entwickelt, sodass das ursprüngliche Rezept heute oft nur noch schwer nachzuvollziehen ist.

Ein gutes Beispiel dafür ist der Waldorfsalat, der von Oscar Tschirky zur Eröffnungsfeier des legendären New Yorker Hotels Waldorf-Astoria kreiert wurde. Ursprünglich bestand der Salat nur aus Äpfeln, Sellerie und einer leichten Majonäse. Inzwischen wird er oft auch mit Mandarinen, Ananas, Walnuss- oder Haselnusskernen serviert. Dieses Kapitel stellt eine Variante mit Trauben vor, die dem Salat eine besonders delikate Süße verleihen.

Regional geprägte Spezialitäten

So wie es in verschiedenen Ländern unterschiedliche Essgewohnheiten gibt, so hat auch fast jedes Land seine eigenen Salat-Klassiker, die natürlich maßgeblich von den Zutaten beeinflusst werden, die aufgrund von Klima und Wachstumsbedingungen der verschiedenen Regionen die dortige Küche prägen.

So sind beispielsweise Oliven in den mediterran geprägten Salaten wie dem „Griechischen Salat" geschmacksprägend, während sie beim typisch deutschen „Kartoffelsalat" im wahrsten Sinne des Wortes naturgemäß fehlen.

Es ist also nicht verwunderlich, dass sich die Länder und Regionen, in denen die Salate beheimatet sind, oft in den Namen widerspiegeln. Eine Ausnahme ist der berühmte amerikanische „Caesar Salad", der nach seinem Erfinder, dem Italiener Caesar Cardini benannt ist. Er kreierte die beliebte Spezialität in den zwanziger Jahren in seinem Restaurant „Caesar's Place" in Mexiko.

Caesar Salad

Zutaten: 2 kleine Romanasalate • 1/4 Eisbergsalat • 50 g Parmesan am Stück • 2 Scheiben nicht zu dunkles Sauerteigbrot • 1 EL Olivenöl

Dressing: 4 Sardellenfilets • 5 EL Olivenöl • 1 kleine Knoblauchzehe • 1 sehr frisches Eigelb • 2 EL Zitronensaft • 2 TL Dijonsenf • 1 TL Worcestersauce • 1 Prise Zucker • Salz • schwarzer Pfeffer aus der Mühle

Romana- und Eisbergsalat putzen, waschen, trockenschleudern und in mundgerechte Stücke schneiden.

Für das Dressing die Sardellenfilets in einer kleinen Schale fein zerdrücken. Olivenöl, Zitronensaft, Senf, Eigelb, Worcestersauce und Zucker dazugeben. Die Knoblauchzehe abziehen und durch eine Presse dazudrücken. Das Ganze mit einem Schneebesen kräftig aufschlagen und mit Salz und Pfeffer würzen.

Die Brotscheiben entrinden und in kleine Würfel schneiden. 1 EL Olivenöl in einer Pfanne erhitzen und die Würfel unter Rühren rösten. Die Salatblätter auf vier Tellern anrichten, den Parmesan darüber hobeln. Das Dressing darüber träufeln und den Salat mit den Croûtons bestreuen.

Salade Niçoise

Zutaten: 150 g grüne Bohnen • Salz • 2 Fleischtomaten • 2 gekochte Kartoffeln • 1 kleine Salatgurke • 2 Schalotten • 1 grüne Paprikaschote • 4 hart gekochte Eier • 200 g Thunfisch in Öl • 1 Knoblauchzehe • 100 g schwarze Oliven • 4 Sardellenfilets in Öl

Dressing: 1 TL Dijonsenf • frisch gemahlener Pfeffer • 2 EL Rotweinessig • 6 EL Olivenöl (kaltgepresst)

Von den Bohnen die Enden abknipsen, in kochendem Salzwasser 10 bis 15 Min. bissfest kochen, dann kalt abschrecken. Die Tomaten waschen und achteln, die Stielansätze entfernen. Paprikaschote waschen, halbieren, putzen und in Würfel schneiden. Kartoffeln, Gurke und Schalotten schälen und ebenfalls in Würfel schneiden. Eier pellen und vierteln.

Knoblauchzehe enthäuten und halbieren; mit den beiden Hälften eine große Salatschüssel ausreiben und alle vorbereiteten Zutaten hineingeben. Essig mit Salz, Pfeffer und Senf so lange verrühren, bis sich das Salz aufgelöst hat. Unter weiterem Rühren das Öl zugeben und den Salat mit der Vinaigrette vermischen. Den Thunfisch abtropfen lassen und in mundgerechte Stücke zerpflücken. Zusammen mit den Sardellenfilets und den Oliven auf dem Salat verteilen.

Griechischer Salat

Zutaten: 4 große vollreife Tomaten • 2 Zwiebeln • 1 grüne Paprikaschote • 1 kleine Salatgurke • 1 Handvoll schwarze Oliven (ohne Stein) • 200 g Feta-Käse • 1 Bund glatte Petersilie • Oregano • $^{1}/_{2}$ Lollo Biondo

Dressing: 3 EL Zitronensaft • 6 EL Olivenöl (kaltgepresst) • frisch gemahlener Pfeffer • $^{1}/_{2}$ TL Oregano • Salz

Paprikaschote waschen, halbieren, putzen und in mundgerechte Stücke schneiden. Salatgurke waschen, schälen und in dicke Scheiben schneiden. Zwiebeln enthäuten und in dünne Ringe schneiden. Die Tomaten waschen, Stielansätze entfernen und quer zur Blüte in dicke Scheiben schneiden.

Für das Dressing den Zitronensaft mit Salz, Pfeffer und Oregano so lange verrühren, bis sich das Salz aufgelöst hat. Unter weiterem Rühren das Olivenöl zugeben.

Die Salatzutaten in eine Schüssel geben, Oliven und den gewürfelten Feta-Käse hinzugeben, das Dressing darübergießen und alles locker vermischen. Lollo Biondo waschen, trockenschleudern und auf vier tiefe Teller verteilen. Den Griechischen Salat darauf anrichten und mit gehackter Petersilie und Oregano bestreuen.

Waldorfsalat

Zutaten: 500 g Knollensellerie • 250 g säuerliche Äpfel (z.B. Boskop) • 150 g blaue Weintrauben • 100 g Walnusskerne

Dressing: 3 EL Zitronensaft • 150 g saure Sahne • 1 EL Walnussöl • Salz • 1 Prise Zucker • schwarzer Pfeffer aus der Mühle

Den Knollensellerie schälen und in feine Streifen raspeln. Die Äpfel waschen, halbieren, entkernen und ebenfalls in feine Streifen raspeln oder schneiden. Beides in eine Schüssel geben und mit 2 EL Zitronensaft vermischen.

Die Walnusskerne grob hacken. Die Weintrauben waschen, halbieren und die Kerne entfernen. Etwas von den Walnusskernen und Weintrauben zum Garnieren beiseite stellen, den Rest unter die Sellerie-Apfel-Mischung heben.

Für das Dressing Walnussöl, 1 EL Zitronensaft und saure Sahne in einer Schüssel mit einem Schneebesen kräftig aufschlagen. Mit Salz, Pfeffer und Zucker würzen und unter den Salat mischen. Durchziehen lassen und noch einmal mit Salz und Pfeffer abschmecken; vor dem Servieren mit den restlichen Weintrauben und Walnusskernen garnieren.

Schweizer Wurstsalat

Zutaten: 400 g Fleischwurst • 300 g Emmentaler in dünnen Scheiben • 150 g Cornichons • 2 rote Zwiebeln • 1 Bund Schnittlauch

Dressing: 4 EL Weißweinessig • 4 EL Cornichon-Sud • 4 EL Kalbsfond aus dem Glas • 2 EL Sonnenblumenöl • $^1/_2$ TL mittelscharfer Senf • Salz • schwarzer Pfeffer

Fleischwurst abziehen, in dünne Scheiben schneiden. Cornichons abtropfen lassen, Käse entrinden. Wurst, Cornichons und Käse in feine Streifen schneiden. Die Zwiebeln fein würfeln und mit den vorbereiteten Zutaten vermengen.

Weißweinessig, Sonnenblumenöl, 2 EL Cornichon-Sud, Kalbsfond, Senf, Salz und Pfeffer in eine Rührschüssel geben. Alles so lange aufschlagen, bis das Salz sich vollständig aufgelöst hat.

Die Vinaigrette über die Salatzutaten gießen und gut untermischen. Den Salat zugedeckt mindestens eine Stunde kühl stellen und durchziehen lassen. Vor dem Servieren mit Salz, Pfeffer und restlichem Cornichon-Sud abschmecken. Den gewaschenen und getrockneten Schnittlauch in feine Röllchen schneiden und über den Salat streuen.

Kartoffelsalat

Zutaten: 800 g Pellkartoffeln • 2 Zwiebeln • 4 Eier • 250 g Kochschinken am Stück • 6 kleine Gewürzgurken

Dressing: 5 EL Majonäse • etwas Gewürzgurkenwasser • 2 EL Sonnenblumenöl • 2 EL Tafelessig • Salz • Pfeffer

Kartoffeln kochen, abpellen, in Würfel schneiden und lagenweise in einer großen Schüssel mit etwas Salz und Essig beträufeln.

Die Eier hart kochen, erkalten lassen, pellen und klein würfeln. Die Zwiebeln, Gewürzgurken und den Kochschinken ebenfalls in Würfel schneiden.

Majonäse mit Essig und Öl verrühren und mit etwas Gurkenwasser glatt rühren, Zwiebeln zugeben und gut mit Salz und Pfeffer abschmecken.

Die Zutaten miteinander vermengen und das Dressing unterheben. Salat kühl stellen und mindestens drei bis vier Stunden durchziehen lassen – am besten jedoch über Nacht. Erst dann entfaltet der Kartoffelsalat seinen vollen Geschmack.

Tomaten-Variationen

Als Klassiker unter den Tomatensalaten gilt inzwischen – weit über Italien hinaus – die Kombination von Tomaten, Mozzarella und Basilikum. Zwei weitere „Rot-Grün-Weiß-Varianten“ werden hier ergänzend vorgestellt.

Tomaten mit Mozzarella:

500 g Tomaten • 250 g Büffelmozzarella • 1 bis 2 Bund Basilikum • Salz • Pfeffer • Olivenöl und Aceto Balsamico

Gewaschene Tomaten und Käse in Scheiben abwechselnd dachziegelartig übereinander schichten. Salzen und pfeffern und großzügig mit Basilikumblättern belegen. Nach Belieben etwas Olivenöl und Aceto Balsamico darüberträufeln.

Tomaten mit Basilikumcreme:

500 g Tomaten • 200 g Frischkäse • 3 EL Sahne • 1 Schalotte • 1 Bund Basilikum • 1/2 Bund Petersilie • Salz • Pfeffer • etwas Zitronensaft

Tomaten waschen und nach Belieben zerteilen. Schalotte abziehen und sehr fein würfeln; Frischkäse mit Sahne cremig rühren umd mit Schalotte und den fein gewiegten Kräutern verrühren. Salzen, pfeffern und mit einem Spritzer Zitrone abschmecken. Die Käsecreme löffelweise auf die Tomaten geben.

Tomaten mit Rucola:

500 g Tomaten (z.B. Cocktailtomaten) • 200 g Rucola • 1 Stück Parmesankäse • 3 EL Nussöl • 2 EL Aceto Balsamico • Salz • Pfeffer

Rucola waschen, trocknen, dickere Stiele abknipsen und die Blätter auf einer Platte anrichten. Tomaten waschen und – je nach ihrer Größe – geviertelt oder geachtelt auf dem Salat verteilen.

Essig, Salz, Pfeffer und Öl zu einem Dressing verschlagen und über den Salat geben. Abschließend frischen Parmesan darüber hobeln.

Matjessalat

Zutaten: 5 Matjesfilets • 2 Essiggurken • 1 Apfel • 1 Rote Bete • 1 Zwiebel

Dressing: 2 EL Distelöl • 1 Spritzer Worcestersauce • 4 EL weißer Balsamico • 3 EL Mayonäse • 150 ml Schmand • Pfeffer • etwas Zucker • gehobelte Haselnüsse

Die Matjesfilets in mundgerechte Stücke zerteilen. Zwiebel und Essiggurken in feine Ringe schneiden. Apfel vierteln und in feine Spalten teilen. Rote Bete (je nach Größe) vierteln und in dünne Streifen schneiden.

Für das Dressing Majonäse mit Essig, Öl und Schmand glatt rühren. Mit Pfeffer, Worcestersauce und Zucker abschmecken. Eine Handvoll Haselnüsse untermischen.

Alle Zutaten vorsichtig miteinander vermischen und das Dressing unterheben.

Avocadosalat mit Shrimps

Zutaten: 150 g vorgegarte geschälte Shrimps • 2 Frühlingszwiebeln • 50 g Brunnenkresse • 1 Bund Dill • 4 reife Avocados • 1 unbehandelte Zitrone

Dressing: 1 EL weißer Aceto Balsamico • 1 EL Distelöl • Salz • schwarzer Pfeffer • 100 g saure Sahne • 2 EL Crème fraîche

Die Shrimps, falls nötig, abtropfen lassen. Brunnenkresse waschen und abtropfen lassen, die Blätter von den Stängeln zupfen. Die Frühlingszwiebeln putzen, waschen, längs halbieren und fein würfeln. Die Zitrone heiß waschen, trockenreiben und halbieren. Aus der einen Hälfte vier dünne Scheiben schneiden, die andere Hälfte auspressen.

Für die Vinaigrette Essig, Öl, Salz und Pfeffer in einer kleinen Schüssel mit einem Schneebesen kräftig aufschlagen, bis sich das Salz aufgelöst hat. Shrimps und Zwiebeln hinzufügen und darin marinieren.

Crème fraîche, saure Sahne, Zitronensaft, Salz und Pfeffer cremig rühren. Dill waschen, trockenschütteln, die Spitzen fein hacken und unter das Dressing geben. Die Avocados halbieren, entkernen,das Fruchtfleisch vorsichtig aus

den Schalenhälften lösen, in kleine Würfel schneiden und mit $1^1/_2$ EL Zitronensaft und einer Prise Salz vermischen.

Avocadowürfel, Kresse, marinierte Shrimps und Frühlingszwiebeln in eine Schüssel geben und mit dem Dilldressing vorsichtig vermengen. Salat in die ausgehöhlten Avocadohälften füllen, mit Zitronenscheiben garnieren und sofort servieren.

Obstsalat

Zutaten: 500 g frische Früchte der Saison

Dressing: 1 EL Zitronensaft • 1 EL anderer Fruchtsaft (z.B. Maracuja- oder Orangensaft) • Zucker oder Honig nach Belieben

Die Säfte vermischen und Honig bzw. Zucker darin auflösen. Früchte waschen und – wenn erforderlich – schälen. Die Früchte dann in kleine Stücke schneiden und – vor allem Bananen und Äpfel – jeweils sofort zum Zitronensaft in eine Schüssel geben und damit vermischen, sodass die Früchte nicht braun anlaufen.

Der Obstsalat kann mit gehackten Nüssen, Rosinen oder Schokoladenstückchen verfeinert werden. Köstlich ist auch etwas flüssige oder nur leicht angeschlagene Sahne dazu.

Immer wieder anders

Bei der Wahl der Früchte gibt es zahlreiche Variationsmöglichkeiten: So kann man sie beispielsweise nach Saison, wie Beeren im Sommer, nach Sorten, also z.B. nur Zitrusfrüchte oder sogar nach Farben miteinander kombinieren.

Blattsalate

Knackige Vielfalt

Variatio delectat

„Abwechslung erfreut" – diese alte lateinische Weisheit gilt ganz besonders bei der Zubereitung von Blattsalaten. Zwar sind die meisten dieser Salate bereits ein Genuss, wenn man sie mit edlem Essig und Öl serviert, zu Höchstform laufen diese Salate aber erst auf, wenn man sie mit ausgesuchten Zutaten variiert.

Dieses Kapitel serviert eine Auswahl verschiedenster Kombinationen – von der einfachen, klassischen Variante „Feldsalat mit Speck" über fruchtige Kombinationen wie „Friséesalat mit Cranberries" bis hin zu ausgefallenen Rezepten wie „Gedünstete Salatherzen". Darunter finden sich fruchtige wie herzhafte, leichte wie sättigendere, bewährte wie überraschende Blattsalat-Kreationen – abgerundet durch passende Dressings.

Feldsalat mit Speck

Zutaten: 200 g Feldsalat • 100 g magerer Räucherspeck • 1 mehlig kochende Kartoffel • 2 Schalotten • 1 Handvoll gehackte Walnüsse

Dressing: 2 EL Kräuteressig • 3 EL Sonnenblumenöl • Salz • schwarzer Pfeffer aus der Mühle

Feldsalat putzen, waschen und trockenschütteln. Kartoffel gar kochen und lauwarm abkühlen lassen. Schalotten abziehen und fein würfeln. Kartoffel pellen und mit einer Gabel zerdrücken.

Für das Dressing Essig, 2 EL Öl mit Salz und Pfeffer verrühren, zerdrückte Kartoffel mit einem Schneebesen kräftig unterschlagen.

Räucherspeck in Würfel schneiden und in 1 EL Öl anbraten. Feldsalat auf vier Teller verteilen und mit dem Dressing beträufeln. Den angebratenen Speck darauf geben und den Salat mit den Walnüssen bestreuen.

Marinierter Salat mit Lamm

Zutaten: 1 Lollo Biondo • 1 kleine Gurke • 4 mittelgroße Tomaten • 250 g Lammrücken • 2 EL Olivenöl

Dressing: 1/2 Tasse Olivenöl • 2 EL Rotweinessig • 2 Msp. Senf • Salz • Pfeffer

Salat waschen, putzen und in Stücke zupfen. Die Gurke schälen, längs halbieren und die Kerne mit einem Löffel herauslösen. Gurkenhälften in dünne Scheiben schneiden. Tomaten waschen, achteln und die grünen Stielansätze entfernen.

Eine Vinaigrette aus den angegebenen Zutaten rühren. Die Tomaten- und Gurkenstücke mit der Sauce begießen, darin wenden und ziehen lassen.

Das Fleisch kalt abspülen, trocken tupfen und in 2 EL heißem Olivenöl anbraten. Von jeder Seite 1 Min. stark anbraten, Pfanne vom Herd ziehen und das Fleisch zugedeckt ruhen lassen.

Den Lollo Biondo auf Tellern anrichten und die Tomaten-Gurken-Mischung portionsweise darauf geben. Das Lammfleisch in Tranchen schneiden, auf dem Salat anrichten, salzen und pfeffern und sofort servieren.

Fruchtiger Chicoréesalat

Zutaten: 1 Orange • 1 große oder 2 kleine Chicoréekolben • 1 kleine Birne

Dressing: $^{1}/_{2}$ Becher Vollmilch-Joghurt (75 g) • 1 TL Himbeeressig • $^{1}/_{2}$ TL Curry • Salz • Pfeffer • $^{1}/_{4}$ TL Zucker

Chicorée längs halbieren und den Strunk keilförmig herausschneiden. Die Hälften jeweils in knapp 1 cm breite Streifen schneiden. Die Orange halbieren. Eine Hälfte für das Dressing beiseite legen. Die andere Hälfte schälen, die weiße Haut entfernen und die Frucht in Stücke schneiden.

Die Birne schälen, achteln und in kleine Stücke schneiden. Chicorée, Apfelsinen- und Birnenstücke vorsichtig vermischen.

Die zweite Orangenhälfte auspressen und den Saft mit dem Joghurt gut verrühren. Himbeeressig und die angegebenen Gewürze hinzugeben und alles gut vermischen. Nach Geschmack kann das Dressing mit mehr Curry oder Zucker abgeschmeckt werden. Das Dressing über den Salat geben und sofort servieren. Wer es noch fruchtiger mag, kann mehr Orangenstücke verwenden.

Friséesalat mit Cranberries

Zutaten: 1 kleiner Friséesalat • 100 g Champignons • 1/2 Knoblauchzehe • 1 EL neutrales Öl • 3 EL getrocknete Cranberries

Dressing: 1/2 Becher Schmand • 3 EL weißer Balsamico • 100 ml Sahne • Salz • bunter Pfeffer

Den Friséesalat putzen, waschen, trockenschleudern und in mundgerechte Stücke schneiden. Dann die Champignons putzen – große Pilze halbieren – und in dünne Scheiben schneiden.

Eine beschichtete Pfanne mit der halben Knoblauchzehe ausreiben, 1 EL neutrales Öl in der Pfanne erhitzen und darin die Champignons andünsten.

Cranberries mit heißem Wasser überbrühen, 5 Min. ziehen lassen und durch ein Sieb abgießen.

Schmand mit Sahne glatt rühren, Balsamico unterrühren und kräftig mit Salz und buntem Pfeffer abschmecken. Das Dressing unter den Friséesalat geben, auf Tellern anrichten und mit den gedünsteten Champignons und den Cranberries garnieren.

Warme Salatherzen auf Paprika

Zutaten: 4 Salatherzen (z.B. Römersalat) • 1 Zwiebel • 1 TL Butter • 100 ml trockener Weißwein • 2 EL Crème fraîche • Salz • Pfeffer • 1 bis 2 Paprikaschoten • 2 Tomaten

Die Salatherzen längs halbieren und unter fließendem Wasser waschen, in ein Trockentuch einschlagen und etwas trocknen lassen.

Paprikaschoten waschen, den Deckel entfernen, Kerne herauslösen und Schoten in dünne Scheiben schneiden. Auf vier Teller verteilen. Tomaten waschen, vierteln, Stielansätze und Samenkerne entfernen und in kleine Würfel schneiden.

Zwiebel abziehen, fein würfeln; Butter in einer großen Pfanne bei mittlerer Hitze schmelzen und die Zwiebel darin glasig dünsten. Die Salatherzen mit der Schnittfläche nach unten in die Pfanne legen, leicht salzen und pfeffern und etwa 1 Minute schmoren. Mit Weißwein ablöschen und bei geschlossener Pfanne 2 bis 3 Minuten dünsten. Salatherzen aus der Pfanne nehmen und auf einem Teller beiseite stellen. 2 EL Crème fraîche in den Bratensud rühren, noch einmal mit Salz und Pfeffer abschmecken, dann die Salatherzen hineinlegen. Die Tomatenwürfel hinzugeben, kurz aufkochen lassen und portionsweise auf die Paprika geben.

Calvadosäpfel auf Blattsalaten

Zutaten: 250 g gemischte Blattsalate (z.B. Eichblatt-, Romana-, Kopfsalat) • 2 große säuerliche Äpfel (z.B. Boskop) • 1 Bund Schnittlauch • 4 cl Calvados • Butter • Zucker

Dressing: 4 EL Sonnenblumenöl • 2 EL Weißweinessig • 1 Zwiebel • Salz • Pfeffer • 1 Bund Schnittlauch

Den Salat waschen, trockenschleudern und in Stücke zupfen. Die Äpfel schälen, mit einem Kernausstecher entkernen oder einem spitzen, langen Messer die Kerngehäuse vorsichtig herausschneiden. Dann die Äpfel in ca. 1,5 cm dicke Scheiben schneiden.

In einer Pfanne die Butter erhitzen, die Äpfel von jeder Seite knapp 1 Min. anschwitzen und mit Calvados ablöschen. Kurz vor dem Anrichten mit Zucker bestreuen und leicht karamellisieren. In der Zwischenzeit den Salat auf Tellern anrichten.

Für das Dressing die Zwiebel enthäuten und fein würfeln, mit Essig, Öl, Gewürzen und gehacktem Schnittlauch verrühren, über den Salat geben und zum Schluss die noch warmen Apfelscheiben auf dem Salat anrichten.

Rucolasalat mit Ziegenkäse

Zutaten: 12 Cocktailtomaten • 2 Scheiben Ziegenkäse (ca. 2 cm dick) • 125 g Rucola • 1 mittelgroße Tomate • Salz • Pfeffer • wahlweise Chili- oder Paprikapulver

Dressing: 1/2 Tasse Olivenöl • 4 EL Aceto Balsamico (rot) • Salz • schwarzer Pfeffer

Die große Tomate waschen, vierteln, Stielansatz und Samenkerne entfernen und die Viertel in Streifen schneiden. Zunächst beiseite stellen. Cocktailtomaten waschen, trocken tupfen und oben einen kleinen „Deckel" abschneiden, sodass auch der Stielansatz entfernt wird. Mit einem spitzen Messer vorsichtig aushöhlen. Salz, Pfeffer und Chili- oder Paprikapulver über die Tomaten streuen.

Die Käsescheiben entrinden. Kleine Stücke von den Scheiben abschneiden, dabei an der äußeren Seite der Scheiben beginnen, sodass möglichst die weichen Teile des Käses abgeschnitten werden. Die Cocktailtomaten damit füllen.

Für das Dressing Olivenöl, Balsamico Essig, Salz und Pfeffer zu einer Vinaigrette verrühren. Rucola waschen, trocken schleudern und die dickeren Blattstängel abknipsen. Vier Teller mit den Rucola-Blättern belegen.

Rucola mit den Tomatenstreifen anrichten, Cocktailtomaten darauf verteilen und das Dressing großzügig darüber geben. Nach Geschmack weitere Ziegenkäsestückchen hinzugeben.

Eisbergsalat mit Fisch

Zutaten: $^{1}/_{2}$ Eisbergsalat • 1 kleine Gurke • 1 Bund Basilikum oder Minze • 400 g Viktoriabarschfilet • 8 Scheiben milder geräucherter Schinken oder Serranoschinken • 1 EL Pflanzenöl

Dressing: 1 unbehandelte Zitrone • 150 g Joghurt • 100 ml Sahne • Salz • 1 Schalotte • Pfeffer • Zucker

Die Zitrone gut abwaschen, trocknen und mit einem Zestenmesser Streifen abschälen. Zitrone halbieren und pressen.

Für das Dressing die Schalotte enthäuten und fein würfeln, Joghurt und Sahne miteinander verrühren, die Hälfte des Zitronensaftes hineinrühren, mit Salz, Pfeffer und Zucker abschmecken.

Einen halben Kopf Eisbergsalat vierteln, in schmale Streifen schneiden, waschen und trockenschleudern. Die Gurke waschen, schälen und in dünne Scheiben schneiden (wahlweise die Kerne entfernen).

Fischfilet mit kaltem Wasser abspülen, mit Küchenkrepp trockentupfen und in 8 etwa gleich große längliche Stücke zerteilen. Das Fischfilet mit Zitronensaft abreiben, leicht salzen (bei wenig salzigem Schinken) und pfeffern. Auf jede Schinkenscheibe ein Basilikumblatt oder ein Minzeblatt legen, dann jeweils ein Fischstück auflegen und mit dem Schinken einwickeln.

Pflanzenöl in eine Pfanne geben, Fischröllchen bei mittlerer Hitze von jeder Seite ca. 1 bis 2 Min. braten. Der Schinken darf hierbei nicht zu kross werden.

Den Salat anrichten, das Dressing darüber geben und den Fisch im Schinkenmantel darauf anrichten.

Blattsalat mit Hühnerleber

Zutaten: 200 g gemischter Blattsalat (z.B. Lollo Biondo, Rucola, Feldsalat) • 250 g Hühnerleber • 1 EL Olivenöl • 2 EL Butter • 2 EL fein gehackte frische Kräuter (z.B. Petersilie, Salbei, Majoran, Thymian) • 2 gepresste Knoblauchzehen • Salz • schwarzer Pfeffer

Dressing: 6 EL Olivenöl • 1 EL Weinessig • Saft einer Zitrone • 2 TL Dijonsenf • 2 TL klarer Honig

Für das Dressing Olivenöl, Weinessig, Zitronensaft, Dijonsenf und Honig gut verrühren und zunächst beiseite stellen.

Anschließend die Hühnerlebern in Stücke schneiden und faseriges Fleisch entfernen.

Öl und Butter in einer Pfanne stark erhitzen und die Leberstücke, zusammen mit den frischen Kräutern und dem Knoblauch etwa 5 bis 8 Minuten braten, bis die Leber von allen Seiten schön braun ist. Dann salzen und pfeffern. Fleisch aus der Pfanne nehmen und die Pfanne mit dem Bratfett zur Seite stellen.

Die Salatblätter waschen, trockenschleudern und mit den Leberstückchen auf einem Teller anrichten.

Nun das Dressing in die Pfanne mit dem Leber-Bratfett geben, unter ständigem Rühren etwa drei Minuten kochen lassen, sodass das Dressing leicht einreduziert.

Schließlich das Dressing über den Salat und die Leber geben und servieren.

Gratinierter Tomaten-salat

Zutaten: 4 Gemüsetomaten • 200 g gemischter Salat • Salz • gemahlener schwarzer Pfeffer • 2 EL Olivenöl • 1 EL roter Aceto Balsamico

Dressing: 2 EL Butter • 2 EL Olivenöl • 2 Tassen Brotkrümel • $^{1}/_{2}$ Bund Petersilie • $^{1}/_{2}$ Bund Schnittlauch • 1 Bund Basilikum

Zunächst werden die Tomaten gefüllt. 1 bis 2 Brotscheiben in kleine Stückchen schneiden oder in der Küchenmaschine zerkleinern, sodass etwa die Menge von 2 Tassen entsteht. Kräuter waschen, trocknen und fein hacken. Nun 2 EL Butter und 2 EL Olivenöl in einer Pfanne erhitzen. Brotkrümel im Fett goldbraun anrösten, die Kräuter hinzugeben und kurz andünsten. Danach Salz und Pfeffer abschmecken.

Die Tomaten waschen, in dicke Scheiben schneiden – dabei die grünen Stielansätze entfernen – und auf ein Backblech legen. Mit Salz und Pfeffer würzen und mit der Brotmischung bestreichen. Im vorgeheizten Ofen dann etwa 10 Minuten bei 180° überbacken. In der Zwischenzeit 2 EL Olivenöl und den Aceto Balsamico gut verrühren und mit Salz und Pfeffer würzen.

Die gemischten Salatblätter waschen, trocknen und mit dem Dressing übergießen.

Den Salat auf einer Platte oder einem Teller anrichten, die warmen Tomatenscheiben darauf legen und etwas schwarzen Pfeffer darübermahlen.

Rohkost- & Gemüsesalate

Vielfältige Salatküche

Salate mit gesundem Gemüse

Von Artischocken und Bohnen über Fenchel und Paprika bis hin zu Zuckerschoten und Spargel, von Avocado über Rote Bete bis zu Zucchini – die breite und bunte Palette der Gemüsesorten bietet unendliche Möglichkeiten für köstliche Salate.

Dass die Rohkost- und Gemüsesalate inzwischen weit mehr sind, als warme Beilagen zum Mittagessen, haben sie längst bewiesen. Und da Gemüse nicht nur köstlich schmecken, sondern an Vitaminen und Nährstoffen weitaus mehr zu bieten haben, als so mancher Blattsalat, zählen sie zu den Hauptakteuren der gesunden Salatküche.

So sind Gemüse sehr vielseitig: Man kann sie roh, blanchiert oder gedünstet verarbeiten und sie untereinander immer wieder neu kombinieren. Sie geben hervorragende Hauptgerichte ab, lassen sich gut mit Blattsalaten oder

auch mit zarten Fleischstückchen kombinieren und eignen sich besonders gut zum Mitnehmen – ob für die Mittagspause im Büro oder für das Picknick im Grünen.

Frisches Marktgemüse

Grundsätzlich sollte man sich beim Gemüsekauf für frisches Gemüse der Saison – am besten natürlich aus der eigenen Region – entscheiden. Dies garantiert am ehesten Frische und guten Geschmack. Das Gemüse sollte optisch einwandfrei sein, keine Dellen oder braune Flecken zeigen, nicht schrumpelig sein und frische Schnittstellen aufweisen. Wird Gemüse mit Blattgrün angeboten – wie z.B. Möhren, Kohlrabi oder Radieschen – erkennt man an der Frische des Grüns die Frische des Produkts.

Frisches Gemüse hält sich generell zwei bis drei Tage ohne nennenswerten Qualitätsverlust. Es darf allerdings nicht zu kalt aufbewahrt werden, da es dann häufig an Geschmack verliert. Im Kühlschrank sollte es daher immer im Gemüsefach liegen, denn dort sind Temperatur und Luftfeuchtigkeit am günstigsten. Allerdings sollten verschiedene Gemüsesorten möglichst getrennt voneinander gelagert werden, sodass sich ihre Reifegase nicht gegenseitig negativ beeinflussen. Es reicht, die Gemüse in Plastikbeuteln mit Luftlöchern voneinander zu trennen.

Gemüse richtig vorbereiten

Schon mit der richtigen Vorbereitung des Gemüses trägt man dazu bei, wertvolle Nährstoffe zu erhalten. So wird Gemüse immer ungeschnitten gewaschen – dabei werden größere Verschmutzungen, wie Erdreste, zunächst unter fließendem Wasser – z.B. mit einer Bürste – entfernt. Weniger stark verschmutzte Sorten wäscht man in einer Schüssel mit Wasser oder unter fließendem Wasser – dies sollte nur so lange wie eben nötig dauern, sodass das Wasser nicht unnötig viele Vitamine „wegspült". Nach dem Waschen werden Strunk, Stängel oder Stielansatz und grobe äußere Blätter entfernt. Nun kann man das Gemüse nach Wunsch zerkleinern.

Blanchieren und dünsten

Um die wertvollen Inhaltstoffe zu erhalten, wird Gemüse entweder nur blanchiert, oder schonend gegart – am besten im Dampfgarer oder in sehr wenig Wasser oder Fett. Beim Blanchieren gibt man das Gemüse nur sehr kurz in kochendes Wasser – dies hält das Gemüse bissfest und knackig, tötet Keime ab und verringert unerwünschte Geschmacksstoffe – z.B. bei Kohl. Wird blanchiertes grünes Gemüse anschließend in Eiswasser abgeschreckt, behält es zudem seine intensive Farbe. Beim Dünsten gart das Gemüse unter Zugabe von wenig Wasser oder Fett bei mittlerer Hitze im eigenen Saft.

Roh oder gekocht?

Zu den Gemüsesorten, die sich gut als Rohkost eignen, zählen Salatgurken, Möhren, Zucchini, Chinakohl, Sellerie, Rettich, Radieschen, Meerrettich und Rote Bete. Tomaten werden zwar gerne roh verwendet, sind allerdings gedünstet besser von unserem Organismus verwertbar.

Lauch und Kohlsorten können als Rohkost verwendet werden – besser verdaulich sind sie für viele Menschen jedoch, wenn man sie kurz blanchiert. Hülsenfrüchte dürfen nicht roh verzehrt werden, da sie Substanzen enthalten, die Vergiftungserscheinungen hervorrufen können. Diese Stoffe werden erst beim Kochen abgebaut.

Abwechslungsreicher Genuss

Auch Gemüsesalate können natürlich mit zahlreichen weiteren Zutaten und den verschiedensten Dressings variiert werden – wie Chinakohl mit Mandarinenfilets, Fenchel mit pikantem Gorgonzoladressing oder grüne Bohnen mit hauchdünn gebratenem Roastbeef.

Chinakohlsalat mit Ingwerpute

Zutaten für Dressing & Salat: 500 g Chinakohl • 3 Frühlingszwiebeln • 1 kleine Dose Mandarinenfilets • 4 kleine Putenschnitzel • 1 Limette • 1 Stück frischer Ingwer (ca. 4 cm) • 2 EL Sojasauce • 3 EL Sesamöl • Salz

Aus dem Saft einer halben Limette, 2 EL Sojasauce und 2 EL Sesamöl eine Marinade anrühren. Den Ingwer schälen und fein reiben. Die Hälfte davon in die Marinade rühren. Den restlichen Ingwer beiseite stellen.

Die Putenschnitzel mit kaltem Wasser abspülen, mit Küchenpapier trockentupfen und – von der kurzen Seite her – in ca. 2 cm schmale Streifen schneiden. Das Fleisch in die Marinade geben und darin einige Male wenden. Mindestens eine halbe Stunde marinieren.

In der Zwischenzeit vom Chinakohl die äußeren Blätter entfernen, den Kohl durchteilen und den Strunk herausschneiden. Die Kohlhälften nochmal teilen und dann in sehr feine Streifen schneiden. Mit kaltem Wasser abbrausen und trockenschleudern.

Die Frühlingszwiebeln waschen und in feine Ringe schneiden. Die Mandarinen aus der Dose abtropfen lassen, einen Teil des Safts dabei auffangen.

Für das Dressing den Saft 1/2 Limette, 5 EL Sesamöl, etwas Salz, 1 TL des Mandarinensafts und den restlichen Ingwer zu einer Sauce verrühren.

Chinakohl, 2/3 der Frühlingszwiebeln und die Mandarinen in eine Schüssel geben, das Dressing darüber geben und alles vermengen. Auf vier Teller verteilen.

Nun die Putenstreifen mit einer Gabel aus der Marinade nehmen, gut abtropfen lassen und in 1 EL heißem Sesamöl rundum kross braten.

Die heißen Putenstreifen auf den Salatportionen anrichten und mit den restlichen Frühlingszwiebelringen dekorieren. Sofort servieren.

Fenchelsalat mit Gorgonzola

Zutaten: 1 große Fenchelknolle • 2 Köpfe Radicchio • 2 EL Olivenöl • 1 geh. TL Zucker

Dressing: 150 g Gorgonzola • 3 EL Sahne • Salz • Pfeffer

Die Fenchelknolle waschen, senkrecht halbieren und den Strunk herausschneiden. Den Fenchel dann in dünne Streifen schneiden. Das Olivenöl in einer Pfanne erhitzen, den Fenchel darin anschwitzen. Zucker darüber streuen und den Fenchel unter Wenden karamellisieren.

Die Radicchioblätter einzeln vom Salatkopf ablösen, waschen und dann mit der Salatschleuder trockenschleudern; größere Blätter halbieren.

Für das Käse-Dressing den Gorgonzola in einer Schüssel zunächst mit einer Gabel zerdrücken. Dann die Sahne hinzugeben und mit dem Käse zu einer cremigen Sauce verrühren. Mit Salz und Pfeffer würzen.

Radicchio auf vier Teller verteilen, den karamellisierten Fenchel darauf anrichten und die Gorgonzolasauce darüber geben.

Schichtsalat

Zutaten für Dressing & Salat: 8 nicht zu dünne Scheiben gekochter Schinken • 1 kleines Glas geraspelte Sellerie (eingelegt) • 6 frische Eier • 1 mittelgroße Dose Mais (225 g Abtropfgewicht) • 2 Stangen Porree • 1 mittelgroße Dose Ananas (in Stücken) • 400 g junger Gouda am Stück • Majonäse (doppeltes Grundrezept, siehe Seite 108) • 1 Becher Joghurt (150 g)

Den Selleriesalat, die Ananasstücke und den Mais getrennt abtropfen lassen. Die Eier hart kochen, abschrecken und abkühlen lassen.

Schinken und Gouda klein würfeln. Eier pellen und ebenfalls in kleine Würfel schneiden. Porree schälen, waschen und in feine Ringe schneiden.

Eine Majonäse nach dem Grundrezept herstellen und mit dem Joghurt gut verrühren. In eine große Glasschüssel zuerst die Schinkenwürfel geben. Mit einer dünnen Schicht Majonäse abdecken. Nacheinander Selleriesalat, Eier, Mais, Porree und Ananas schichtweise einfüllen, dabei jede Schicht dünn mit Majonäse bestreichen. Als oberste Schicht die Goudastückchen aufstreuen. Den Salat im Kühlschrank mehrere Stunden durchziehen lassen.

Schicht für Schicht

Die Reihenfolge beim Schichten kann grundsätzlich variiert werden, allerdings empfiehlt es sich, die Ananas als vorletzte Schicht einzufüllen, damit ihr Saft in die unteren Schichten sickern kann. Der Schichtsalat schmeckt besonders gut, wenn die Zutaten fein gewürfelt und geschnitten sind und der Salat – am besten über Nacht – gut durchgezogen ist. Dieser Salat eignet sich hervorragend für Parties, da er gut in großen Mengen vorbereitet werden kann. Wer keine frische Majonäse anrühren möchte, kann alternativ ein großes Glas Fertigmajonäse oder Salatcreme verwenden.

Salat Duchesse

Zutaten: 300 g Spargelspitzen • 1 kleine Sellerieknolle • 250 g Kartoffeln • 4 Tomaten • 2 Bananen • 1 EL gehackte Kresse • 1 TL Dill

Dressing: 60 g Majonäse • 150 g Joghurt • $^{1}/_{8}$ l süße Sahne • Saft einer halben Zitrone • Salz • Pfeffer • Zucker

Kartoffeln und Sellerie schälen und im Kochtopf garen, anschließend abgießen und gut abkühlen lassen. Die Spargelspitzen in siedendem Salzwasser mit einem Spritzer Zitrone blanchieren, abgießen und ebenfalls abkühlen lassen. Kartoffeln und Sellerie in gleich große Würfel schneiden.

Die Tomaten waschen, halbieren, Stielansatz und Samenkerne entfernen und die Tomatenhälften dann ebenfalls würfeln. Die Bananen schälen, längs halbieren und in etwa $^{1}/_{2}$ cm dicke Scheiben schneiden.

Für das Dressing Majonäse, Joghurt, Sahne und restlichen Zitronensaft miteinander zu einer homogenen Sauce verrühren. Mit Salz, Pfeffer und Zucker abschmecken und vorsichtig mit den Salatzutaten vermischen. Den Salat mit Dill und Kresse bestreuen.

Feuriger Weißkohlsalat

Zutaten: 500 g Weißkohl

Dressing: 80 ml Wasser • 125 ml Apfelessig • 1 EL brauner Zucker • 3 EL Ketchup • 1 geh. TL Salz • 1 frische Chilischote • frisch gemahlener Pfeffer (schwarz und weiß)

Den Weißkohl putzen, waschen und den Strunk entfernen. Nun den Kohl zunächst in Spalten und dann in feine Streifen schneiden.

Die Chilischote längs aufschneiden und die Kerne entfernen, wenn die Sauce nicht zu scharf werden soll. Chili dann in dünne Streifen schneiden und fein hacken.

Für das Dressing zunächst Wasser, Essig und Ketchup mischen, Zucker und Salz einstreuen und so lange rühren, bis sie sich ganz aufgelöst haben. Chili unterrühren, Sauce über den Weißkohl geben, gründlich verrühren und mit Pfeffer würzen. Mit Zucker und Salz nochmal abschmecken – die Sauce sollte nicht zu sauer sein. Den Salat mindestens 30 Minuten durchziehen lassen.

Wer den Salat richtig scharf essen möchte, kann nach Belieben mehr Chilis verwenden.

Wurzelrohkost mit Frischkäse

Zutaten: 250 g Möhren • 250 g Petersilienwurzel • 1 großer säuerlicher Apfel (z.B. Cox Orange) • 1 Zitrone • 1 Handvoll Kürbiskerne

Dressing: 1 EL Nussöl • 100 g Doppelrahm-Frischkäse • 3 EL Sahne • Salz • Pfeffer • 1 Pr. Zucker • 1 Msp. Curry

Die Zitrone auspressen. Möhren, Petersilienwurzel und Apfel waschen, putzen bzw. schälen und nicht zu fein raspeln. Sofort mit dem Zitronensaft übergießen und vermischen, sodass die Farbe erhalten bleibt.

Für das Käsedressing den Frischkäse mit etwas Sahne und dem Nussöl cremig rühren, dann mit Zucker, Curry, Salz und Pfeffer kräftig abschmecken.

Die Kürbiskerne in einer Pfanne trocken anrösten, bis sie anfangen zu duften. Auf einem Teller abkühlen lassen und vor dem Servieren über den Salat streuen.

Mit einer elektrischen Küchenmaschine ist dieser Salat schnell gemacht – er sollte immer ganz frisch vor der Mahlzeit zubereitet werden.

Bohnensalat mit Rumpsteak

Zutaten für Dressing & Salat: 400 g Grüne Bohnen • 4 dünn geschnittene Scheiben Rumpsteak (ca. $^1/_2$ cm) • 1 geh. EL Bohnenkraut • 1 Chilischote • 1 Würfel Bratfett • 1 rote Zwiebel • 1 EL Sonnenblumenöl • 2 EL Rotweinessig • Salz • schwarzer Pfeffer

Bohnen waschen, putzen und in reichlich Salzwasser mit Bohnenkraut bissfest kochen. Abgießen, in Eiswasser abschrecken und in einem Sieb abtropfen und erkalten lassen. Die Chilischote waschen, halbieren, entkernen und in dünne Streifen schneiden. Wer es scharf mag, lässt die Kerne in der Schote.

Die Zwiebel schälen und in dünne Ringe schneiden. Das Bratfett stark erhitzen; Rumpsteaks jeweils auf einer Seite salzen und im heißen Fett kurz von jeder Seite anbraten. Aus der Pfanne nehmen und in Alufolie warm halten.

Die Zwiebelringe bei reduzierter Hitze in das Bratfett geben und glasig dünsten. Die Pfanne vom Herd nehmen, Zwiebeln mit Essig ablöschen, Öl und Chili hinzugeben, mit Salz und Pfeffer abschmecken. Die Bohnen in eine Schüssel geben und mit dem lauwarmen Dressing übergießen. Das Fleisch in kleinere Stücke zerreißen und auf den Salat geben.

Amerikanischer Shrimpssalat

Zutaten: 1/4 l Weißwein • 1 TL Wasser • 200 g Shrimps • 1 TL Senf • 40 g Schalotten • 1 Zwiebel • 1 kleines Glas Tomatenpaprika • 1 Handvoll schwarze Oliven (ohne Stein) • 4 Tomaten

Dressing: 2 EL Olivenöl • 3 EL weißer Balsamico • Salz • Pfeffer • etwas Dill

Weißwein mit Wasser und Senf mischen. Schalotten fein hacken, in das Weißweinwasser geben und aufkochen. Shrimps in den kochendheißen Sud geben und zehn Minuten ziehen lassen.

Zwiebel schälen, in Ringe schneiden. Tomatenpaprika in Streifen schneiden. Oliven abtropfen lassen, halbieren. Tomaten am stiellosen Ende kreuzweise einritzen, mit kochendem Wasser überbrühen, zwei Minuten darin liegen lassen, danach enthäuten, entkernen und in feine Streifen schneiden. Zwiebelringe, Paprikastreifen und Oliven zu den Shrimps geben und abkühlen lassen.

Für die Vinaigrette zunächst den Dill waschen, trocknen und fein hacken. Dann Olivenöl, Balsamicoessig, Salz und Pfeffer zu einer Sauce verrühren und den Dill zugeben.

Die abgekühlte Mischung mit den Tomatenstreifen vermengen, Salatsauce über den Salat gießen und im Kühlschrank ca. 15 Minuten durchziehen lassen. Je nach Geschmack mit frischem Dill garnieren.

Kichererbsensalat

Zutaten: 250 g Kichererbsen • 1 Schlangengurke • 1 bis 2 Handvoll entkernte schwarze Oliven

Dressing: Saft 1 Zitrone • 1 Bund Petersilie • 6 EL Olivenöl • 2 Knoblauchzehen • 1 geh. TL Honigsenf (ersatzweise 1 TL mittelscharfer Senf und 1 TL Honig)

Die Kichererbsen über Nacht in 1 l Wasser einweichen.

Kichererbsen in Einweichwasser 60 Min. kochen, abgießen und abkühlen lassen. Die Gurke waschen, längs halbieren und die Kerne mit einem Löffel herausschaben. Die Gurke in schmale Scheiben schneiden. Die Oliven in Ringe schneiden.

Für das Dressing die Zitrone auspressen und mit Olivenöl, Honigsenf und zerdrücktem Knoblauch (siehe Seite 38) verschlagen.

Die Petersilie fein hacken und unter die Sauce mischen. Die Sauce über den Salat geben, vermengen und abgedeckt mindestens 30 Min. durchziehen lassen.

Grüner Gemüsesalat

Zutaten: 250 g Zuckerschoten • 250 g Spargel (halbiert) • 250 g Zuckererbsen • 250 g frische Erbsen (geschält) • 12 Cherrytomaten • 1 EL Butter • 1 Prise Zucker

Dressing: 2 EL Limettensaft • 1/2 Tasse Olivenöl • 1 EL Weißweinessig • 3 EL gehackter Koriander

Zuckerschoten und Zuckererbsen putzen und waschen; vom Spargel die Enden abschneiden und alles nacheinander jeweils für 1 Minute in kochendem Wasser blanchieren. Abgießen, in eiskaltem Wasser abschrecken und gut abtropfen lassen. Zuckerschoten und -erbsen in einer Pfanne bei mittlerer Hitze in der Butter und dem Zucker schwenken.

Die geschälten Erbsen etwa 3 Minuten blanchieren, anschließend kalt abschrecken und abtropfen lassen. Tomaten waschen, halbieren und mit dem Gemüse vermischen.

Eine Vinaigrette aus Limettensaft, Essig und Öl rühren, den gehackten Koriander dazugeben. Das Dressing über das Gemüse geben, noch einmal mischen und – wenn nötig – noch weiter abkühlen lassen.

Artischockensalat

Zutaten: 600 g grüne Bohnen • 400 g Kichererbsen • 8 Artischockenherzen • 1 kleine rote Zwiebel • 1 mittelgroße Möhre • $^{1}/_{2}$ Bund Petersilie • 2 EL gehackter frischer Koriander

Dressing: 2 EL Dill • 2 EL Weißweinessig • 3 EL Olivenöl • 1 TL Senf • 1 Knoblauchzehe • 1 TL gemahlener Kreuzkümmel • Saft einer Zitrone • Salz • Pfeffer • 50 g gehackte Haselnüsse

Kichererbsen über Nacht in reichlich Wasser einweichen. Die Bohnen ca. fünf Minuten blanchieren – sie sollten noch etwas Biss haben. In ein Sieb geben und mit kaltem Wasser abschrecken. Anschließend quer halbieren. Die Kichererbsen im Einweichwasser gar kochen (etwa 60 Min.), abkühlen lassen und mit den Bohnen in eine große Schüssel geben.

Die Zwiebel häuten und in feine Ringe schneiden, die Karotte säubern und grob raspeln. Artischockenherzen vierteln und mit der Möhre, den Zwiebelringen, gehackter Petersilie und dem Koriander vermischen.

Für das Dressing Knoblauch enthäuten und Dill waschen, trocknen und fein schneiden. Weißweinessig, Oli-

venöl, Senf, Knoblauch, Zitronensaft, Kreuzkümmel, Salz und Pfeffer aufschlagen; zum Schluss den Dill einrühren. Das Dressing über das Gemüse geben und gut mischen.

Die Haselnusskerne in einer trockenen Pfanne anrösten, bis sie zu duften beginnen; den Salat damit bestreuen.

Nudel- & Kartoffelsalate

Sättigende Salate

Rekordverdächtige Vielfalt

Tausendfach erprobt und doch immer wieder neu „erfunden“ – Kartoffel- und Nudelsalate sind Dauerhits, und das nicht nur auf der Liste der Partysalate. So ist es in vielen Gegenden Deutschlands noch heute Tradition, am Heiligabend Kartoffelsalat zu essen. Ein Klassiker ist dabei nach wie vor der Kartoffelsalat mit Majonäse, aber selbst hier gibt es zahllose Varianten. Denn viele Familien haben ihre ganz eigenen, oft über Generationen überlieferten Rezepte, sodass kaum ein Salat wie der andere schmeckt.

Neben den Majonäse-Dressings haben sich aber auch zunehmend solche auf Essig- und Öl-Basis oder auch mit Joghurt-Saucen durchgesetzt – zum einen aufgrund regionaler Unterschiede, zum anderen auch im Trend leichterer Gerichte. Dies gilt ebenso für die Vielfalt der Nudelsalate. Neben gehaltvollen Varianten stehen hier sommerlich leichte – wie beispielsweise auf mediterrane Art mit Oliven, Tomaten und Zucchini – zur Wahl.

Kartoffeln – frisch und fest

Die Qualität der Kartoffeln ist das A & O eines gelungenen Kartoffelsalats. Und so schmecken die kleinen Frühkartoffeln, die ab Juni geerntet werden, besonders delikat. Da sie eine noch sehr dünne Schale haben, brauchen sie nur gründlich gewaschen und nicht geschält zu werden. Generell werden für Kartoffelsalate am besten festkochende Sorten verwendet – aufgrund des höheren Eiweißgehalts der Knolle ist ihr Fleisch fest und fein, die Kartoffeln springen beim Kochen nicht auf und lassen sich besser in glatte Stücke zerschneiden als mehlig kochende.

Dämpfen statt kochen

Im Dampf werden Kartoffeln besonders schonend gegart und ihre Nährstoffe bleiben weitgehend erhalten: Die Kartoffeln liegen dabei so im Siebeinsatz des Topfes, dass sie nur mit dem Wasserdampf in Berührung kommen. Grundsätzlich sollten sie immer in der Schale gegart werden. Nach dem Abgießen bzw. Abdampfen werden sie am besten sofort, also noch heiß, gepellt. Schneiden kann man sie heiß oder aber nach dem Abkühlen.

Die Würze macht's

Besonders würzig schmecken Kartoffeln im Salat, wenn sie mit einer pikanten Brühe oder Vinaigrette übergossen wurden. Letztere kann man über die noch warmen Kartoffeln gießen und den Salat dann sofort servieren (Lauwarmer Kartoffelsalat, siehe Seite 202). Verwendet man Brühe, so gibt man diese am besten noch heiß über die Kartoffeln und lässt sie dann langsam abkühlen. Nachdem die Kartoffeln durchgezogen sind, kann man sie mit weiteren Zutaten verfeinern (Grüner Kartoffelsalat, siehe Seite 200).

Meister der Kombination

Kaum ein Gemüse ist so vielseitig wie die Kartoffel – so verträgt sich ihr Aroma nicht nur mit fast allen anderen Gemüsesorten, sondern genauso gut mit den unterschiedlichsten Kräutern und Gewürzen sowie mit Fisch, Fleisch, Eiern oder Käse. Hier gibt es also für all diejenigen, die in ihrer Küche gern „erfinden" ein breites Feld für individuelle Neukreationen. Ein ähnliches Kombinationstalent haben auch Nudeln zu bieten – aufgrund ihres ebenfalls recht neutralen Eigengeschmacks harmonieren auch sie in Salaten mit den unterschiedlichsten Zutaten.

Hörnchen, Fusilli und Co.

Mit Ei oder ohne, aus Hartweizengrieß, Mungobohnenstärke, Vollkorn- oder Reismehl hergestellt und in zahllosen Formen von Hörnchen über Muscheln, Schleifen bis zu Röhren: Das ist die Vielfalt der Nudeln, die eine sättigende Basis für köstliche Salate bilden.

In Verbindung mit frischem Gemüse gewährleisten Nudelsalate überdies eine optimale Nährstoffversorgung und mit einem fettarmen Dressing sind sie zudem kalorienarm.

Welche Nudelsorte man verwendet, bleibt zwar dem eigenen Geschmack überlassen, allerdings binden z.B. Hörnchen oder Sorten mit feinen Rillen das Dressing besonders gut an sich. Natürlich entscheiden auch die weiteren Zutaten darüber, welche Nudelsorte die passende ist. So harmonieren mit mediterranen Gemüsen und Gewürzen am besten reine Hartweizennudeln; zu fernöstlichen Aromen passen Glas- oder Reisnudeln. Inzwischen gibt es auch eine große Auswahl an aromatisierten Nudeln wie Chili-, Bärlauch- oder Basilikum-Nudeln.

Nudelsalate können gut vorbereitet werden. Da sie die Sauce aber sehr stark aufsaugen, sollte man vor dem Servieren in jedem Fall noch einmal nachwürzen.

Schlesischer Kartoffelsalat

Zutaten: 1 kg Kartoffeln • 3 Möhren • 2 Petersilienwurzeln • 1 Sellerieknolle • 3 hart gekochte Eier • 2 Zwiebeln • 4 große saure Gurken • 2 säuerliche Äpfel • 250 g Erbsen (tiefgekühlt)

Dressing: 4 EL Weinessig • Salz • Pfeffer • 250 g Majonäse • etwas Gurkenwasser

Die Kartoffeln in Salzwasser weich kochen, abgießen und pellen. Abkühlen lassen und in kleine Würfel schneiden. Möhren und Petersilienwurzeln putzen und fein würfeln. Die Sellerieknolle schälen und ebenfalls in feine Würfel schneiden. Die Gemüsewürfel in Salzwasser bissfest garen. Dann in ein Sieb abgießen und abtropfen lassen. Die tiefgekühlten Erbsen in kochendem Salzwasser 3 Minuten blanchieren, dann abgießen und abtropfen lassen. Eier hart kochen, abschrecken, pellen und grob hacken. Die abgezogenen Zwiebeln und die Gurken fein würfeln. Die Äpfel schälen, das Kerngehäuse entfernen und das Fruchtfleisch in kleine Würfel schneiden.

Eine Salatcreme aus Majonäse, Essig, reichlich Salz und Pfeffer mischen. Mit einem Schuss Gurkenwasser etwas verflüssigen – dies verleiht zudem noch eine würzige Note.

Alle Zutaten vorsichtig miteinander vermischen und mit der Salatcreme vermengen. Mehrere Stunden – oder über Nacht – durchziehen lassen und vor dem Servieren noch einmal mit Essig, Salz, Pfeffer abschmecken.

Grüner Kartoffelsalat

Zutaten: 800 g Kartoffeln • 1 Salatgurke • frische Gartenkräuter (z.B. je 1 Bund Petersilie und Dill, 1 Zweig Zitronenmelisse, einige Salbeiblätter)

Dressing: 50 ml Fleischbrühe • 100 ml Essig • die Blättchen einiger Zweige Thymian • 1 Zwiebel • $1^{1}/_{2}$ TL Zucker • Salz • Pfeffer • 1 Becher saure Sahne

Kartoffeln kochen und pellen (am Vortag). Die kalten Kartoffeln in Scheiben schneiden.

Für das Dressing die Zwiebel schälen und würfeln und mit den übrigen Zutaten aufkochen. Dann über die Kartoffeln gießen.

Die Kräuter waschen und fein wiegen, mit der geschälten und in dicke Scheiben geschnittenen Salatgurke unter den Salat mischen. Saure Sahne extra dazu reichen.

Lauwarmer Kartoffelsalat

Zutaten: 500 g kleine junge Kartoffeln (ungeschält) • 1 Zwiebel • 2 Eier • $^{1}/_{2}$ Bund Petersilie • 80 g magerer Schinkenspeck

Dressing: 3 EL Sonnenblumenöl • 2 EL Weißweinessig • 1 EL Kapern • Salz • Pfeffer

Die Kartoffeln waschen, in der Schale kochen und dann je nach Größe halbieren oder in dickere Scheiben schneiden.

Die Zwiebel schälen und fein würfeln. Eier hart kochen und grob würfeln. Auch den Speck in kleine Würfel schneiden. Die Petersilie waschen, Blätter von den Stielen zupfen und fein wiegen.

Eine Vinaigrette aus Essig, Öl, Salz und Pfeffer anrühren. Die gehackten Zwiebeln, Petersilie und Kapern unterrühren. Die noch warmen Kartoffeln zunächst vorsichtig mit Eiern und Speck vermischen, dann mit dem Dressing übergießen und möglichst bald servieren.

Endivien-Kartoffelsalat

Zutaten: 1 kleine Endivie • 4 mittelgroße Kartoffeln (halbfest kochend) • 8 Scheiben Bacon

Dressing: 1/2 Tasse Fleischbrühe • 3 EL Kräuteressig • 3 EL Distelöl • Salz • Pfeffer • 1 Prise Zucker • 1 Zwiebel • 1/2 Kästchen Gartenkresse • 150 g Sauerrahm

Die Kartoffeln schälen, kochen und etwas abkühlen lassen. Die Endivie teilen, den Strunk wegschneiden, die Blätter unter lauwarmem Wasser waschen und trockenschleudern. Die Endivienblätter in feine Streifen schneiden.

Für das Dressing die Zwiebel häuten und klein würfeln. Fleischbrühe, Essig, Zwiebelwürfel, Salz, Pfeffer und Zucker in einen Topf geben und einmal aufkochen. Vom Herd nehmen. Das Öl einrühren. Eine Kartoffel zerdrücken und in die warme Sauce rühren.

Die restlichen Kartoffeln in kleine Würfel schneiden. Den Salat in eine Schüssel geben, die Kartoffelstücke und das Dressing darüber geben und alles vorsichtig vermengen. Mit Gartenkresse bestreuen. Die Baconscheiben in der Pfanne auslassen und heiß auf dem Salat anrichten. Den Sauerrahm dazu reichen.

Mediterraner Nudelsalat

Zutaten: 500 g Makkaroni • 10 getrocknete Tomaten • 1 mittelgroße Zucchini • 3 Frühlingszwiebeln • 1 Handvoll schwarze Oliven (ohne Stein)

Dressing: 2 bis 3 Knoblauchzehen • 1 Zweig Rosmarin • 1 Tasse Olivenöl • Salz • Pfeffer • 2 EL Weinessig • 2 EL neutrales Öl (z.B. Sonnenblumenöl)

Zunächst Zucchini und getrocknete Tomaten marinieren: Dazu 1 Tasse Olivenöl in eine Schüssel geben, etwas Salz und Pfeffer einrühren. Die gehäuteten und einmal durchgeschnittenen Knoblauchzehen sowie den Rosmarinzweig zum Öl geben. Zucchini waschen, Stielansatz entfernen und die Frucht in ca. 0,5 cm dicke Scheiben schneiden. Die getrockneten Tomaten in Streifen schneiden und mit den Zucchinischeiben in das Öl geben. Die Gemüsestücke im Öl wenden, abdecken und – am besten über Nacht – marinieren.

Die Nudeln kochen, abkühlen lassen. Das marinierte Gemüse aus dem Sud nehmen, etwas abtropfen lassen und zu den Nudeln geben; Oliven und die gewaschenen Frühlingszwiebeln in Ringe schneiden und ebenfalls zu den Nudeln geben.

Aus Weinessig, neutralem Öl sowie 2 EL vom Marinaden-Öl, Salz und Pfeffer eine Sauce rühren und mit dem Salat vermischen. Mindestens eine halbe Stunde durchziehen lassen. Danach kann noch einmal mit der Rosmarin-Marinade abgeschmeckt werden.

Glasnudelsalat mit Eierfladen

Zutaten: 20 g Glasnudeln • 200 g Staudensellerie • 1 mittelgroße Salatgurke • 2 mittelgroße Möhren • 100 g roher geräucherter Schinken in Scheiben • 100 g geschälte und gekochte Garnelen • 2 Eier • 1 EL Sonnenblumenöl

Dressing: 1 EL Zitronensaft • 3 EL Reisweinessig • 4 EL Sojasauce • 3 EL Sesamöl • 1 TL scharfer Senf • 1 EL brauner Zucker • 1 EL eingelegter grüner Pfeffer

Glasnudeln mit kochendem Wasser überbrühen und 3 Minuten ziehen lassen. Abgießen, kurz mit kaltem Wasser abschrecken, abtropfen lassen und – am besten mit einer Küchenschere – in mundgerechte Stücke zerschneiden.

Selleriestangen waschen und in feine Scheiben schneiden. Die Gurke waschen, längs halbieren und die Kerne entfernen. Dann in dünne Scheiben schneiden. Die Möhren putzen und grob raspeln. Den Schinken in mundgerechte Stücke zerteilen.

Eier in einer Schüssel mit einer Gabel verschlagen. Sonnenblumenöl in einer Pfanne erhitzen und aus den verquirlten Eiern einen Eierkuchen backen. Aus der Pfanne nehmen, abkühlen lassen und den Fladen in kurze Streifen schneiden.

Für das Dressing Zitronensaft, Essig, Sojasauce, Sesamöl, Senf, Zucker und Pfeffer gut verrühren.

Die Glasnudeln mit dem Gemüse und dem Schinken vermengen. Das Dressing darüber geben und noch einmal durchmischen. Den Salat in einer Schale anrichten und abschließend die Garnelen und die Eierfladenstreifen darüber geben.

Tortellinisalat

Zutaten: 250 g Tortellini mit Ricotta-Spinat-Füllung • 3 EL Olivenöl • 200 g Erbsen (TK) • 250 g Pilze • 1 Zwiebel

Dressing: 1/2 Bd. Petersilie • 125 g Quark • 150 g Joghurt • 1 EL Kräuteressig • Salz • Pfeffer • 3 EL Salatkräuter (frisch oder auch tiefgekühlt)

Tortellini nach Packungsanweisung kochen, abgießen und in 2 EL Olivenöl schwenken, damit sie beim Abkühlen nicht zu trocken werden; abkühlen lassen.

Erbsen in heißem Wasser ca. 5 Minuten blanchieren. Zwiebel schälen und fein würfeln. Pilze putzen, in Scheiben schneiden und mit den Zwiebeln in etwas Olivenöl anbraten; abkühlen lassen.

Petersilie waschen, trockenschleudern und grob hacken. Quark und Joghurt mit Essig und Öl verrühren und mit Salz, Pfeffer sowie den Kräutern würzen. Die Tortellini mit den Erbsen, Pilzen und Zwiebeln vermischen, das Quarkdressing darauf geben und mit etwas Petersilie bestreuen.

Nudelsalat mit Fleischwurst

Zutaten: 300 g Nudeln • bunte Paprika • 4 mittelgroße saure Gurken • 1 kleine Dose Mais • 3 Tomaten • 250 g Fleischwurst

Dressing: 1/2 Becher saure Sahne • 4 EL Schmand • Gurkenwasser • Pfeffer • Salz • 1 Msp. Curry • 1 EL Kräuteressig • 1 EL Sonnenblumenöl

Die Nudeln bissfest kochen, in ein Sieb abgießen kurz mit kaltem Wasser abbrausen und abkühlen lassen. Paprika waschen, vierteln, putzen und in Würfel schneiden. Mais abtropfen lassen. Gurken würfeln. Tomaten waschen, Stielansatz entfernen und achteln. Alle Zutaten miteinander vermengen.

Für das Dressing saure Sahne, Schmand, Essig, Öl und etwas Gurkenwasser verrühren. Mit Salz, Pfeffer und Curry abschmecken. Dressing auf den Salat geben, alles gut durchmengen und mindestens 2 Stunden kühl stellen.

Glasnudelsalat mit Hackbällchen

Zutaten: 500 g Schweinehackfleisch • 3 TL frischer Koriander • 2 TL Fischfond • 2 TL süße Chilisauce • 1 TL Mehl • 1 TL Öl • 100 g Glasnudeln • 1 große Möhre

Dressing: 1 Limette (Saft) • 2 TL Fischfond • 1 Bund Koriander (gehackt) • 1 TL geriebener Ingwer • 1 bis 2 rote Chilischoten (fein zerhackt) • 1 rote Zwiebel (dünn geschnitten) • 2 TL brauner Zucker • Saft einer großen Zitrone • 1/2 TL Erdnussöl

Koriander waschen, trocknen und fein hacken. Schweinehack, Koriander, Fischfond, Chilisauce und Mehl gut miteinander verkneten und die entstandene Masse zu kleinen Bällchen formen. Diese circa 30 Minuten im Kühlschrank ruhen lassen.

In der Zwischenzeit die Nudeln in eine Schüssel legen, mit heißem Wasser übergießen und circa 3 Minuten ziehen lassen. Abgießen, mit kaltem Wasser abbrausen und abtropfen lassen. Die Nudeln einige Male mit einer Schere zerschneiden. Möhre putzen und in dünne Streifen schneiden.

Nun alle Zutaten für das Dressing in eine Schüssel geben und kräftig durchrühren.

Öl in einer Pfanne erhitzen und die Fleischbällchen ca. 8 bis 10 Minuten braten.

Nudeln, Möhrenstreifen und Fleischbällchen gut mit dem Dressing vermengen und auf einem Teller anrichten.

Vermicelli-Brokkoli-Salat

Zutaten für Salat & Dressing: 250 g Vermicelli (oder dünne Spaghetti) • 2 EL Fischfond • 2 EL Reisessig • 5 EL Mirin (süßer japanischer Reiswein) • 1 TL brauner Zucker • $^1/_2$ Bund glatte Petersilie • 1 EL Erdnussöl • 1 EL frisch geriebener Ingwer • 1 sehr fein geschnittene rote Chilischote • 4 zerhackte Knoblauchzehen • 4 gehackte Frühlingszwiebeln • 10 frische Shiitake-Pilze (aufgeschnitten) • 300 g Brokkoli-Röschen • 200 g Baby-Mais • 3 EL Sojasauce • 2 EL Reisessig • $^1/_2$ Kopfsalat • 50 g abgezogene Mandeln

Die Nudeln nach Packungsanweisung kochen, abgießen und in einer Schüssel mit Fischfond, Reisessig, Mirin, Zucker und gehackter Petersilie vermischen. Beiseite stellen.

Erdnussöl im Wok oder in einer hohen, beschichteten Pfanne erhitzen; Ingwer, Chili, Knoblauch und Frühlingszwiebeln hinzugeben und das Ganze so lange unter Rühren braten, bis die Zwiebeln glasig werden.

Nun die Brokkoli-Röschen dazugeben und bissfest garen, dabei zwischendurch wenden. Zum Schluss Pilze und Mais hinzugeben und bei weiter hoher Hitze unter Rühren garen.

Zuletzt Sojasauce, 3 EL Mirin und Reisessig über das Gemüse geben, mischen und alles noch ca. 1 Min. ziehen lassen. Die Nudeln unterrühren, den Wok bzw. die Pfanne vom Herd nehmen und alles abkühlen lassen.

Die gewaschenen, trocken geschleuderten und zerpflückten Salatblätter auf einem Teller ausbreiten und den Nudel-Brokkoli-Mix darauf anrichten. Die Mandeln in einer trockenen Pfanne anrösten und über den Salat geben.

Reis- & Körnersalate

Körnige Salatalternativen

Verführerischer Genuss

Reissalatrezepte könnte man vermutlich so viele kreieren, wie es Reissorten gibt – und das sind Tausende. Doch auch aus den relativ wenigen Sorten, die der Handel bei uns anbietet, lassen sich schier unendlich viele Reissalate zubereiten; denn Reis lässt sich – ähnlich wie Kartoffeln und Nudeln – mit praktisch allen Gemüsesorten und Gewürzen kombinieren.

Ergänzt man die Reissorten dann noch um andere Getreideprodukte wie Dinkel, Quinoa, Couscous oder Wildreis, hat man bei der Auswahl der passenden Sorte für leckere Salate die Qual der Wahl.

So bieten sich allein beim Reis eine Fülle verschiedener Sorten an, die sich grundsätzlich in Langkorn- und Rundkornreis einteilen lassen. Rundkornreis, der zum Beispiel gern für Milchreis verwendet wird, hat eine kugelige Form und einen hohen Stärkeanteil. Dadurch wird er beim Kochen meist klebrig. Auch der in Italien für die berühmten Risotti verwendete Avorio-Reis hat ähnliche Eigenschaften – sein Korn ist zwar etwas länger, aber auch er ist weich kochend.

Locker und körnig

Für Salate besonders geeignet ist Langkorn- oder Patnareis, denn er ist „trocken" kochend. Das heißt, dass er auch nach dem Kochen noch körnig von der Gabel fällt.

Ein körniger Reis für lockere Salate gelingt besonders gut, wenn man den Reis zunächst in etwas Öl bei hoher Temperatur anschwitzt und ihn dann mit der doppelten Menge heißer Flüssigkeit aufgießt. Sobald die Flüssigkeit kocht, wird der Topf verschlossen und die Hitze auf niedrigste Stufe reduziert. Nach 20 Minuten ist der Reis gar.

Naturreis benötigt mit rund 40 Minuten etwa die doppelte Garzeit wie Langkornreis. Dieser Reis enthält noch das so genannte Silberhäutchen und den Keim, da er nach dem Entspelzen nicht geschliffen wird. Daher ist Naturreis besonders reich an Vitaminen, allerdings auch nicht so lange lagerfähig wie geschliffene Sorten.

Um Reis bereits beim Garen zu aromatisieren, kann man zum Ausquellen statt Wasser entweder Gemüse- oder Fleischbrühe verwenden. Alternativ lassen sich passend zum jeweiligen Rezept auch bereits Gewürze wie Curry, Zitronenpfeffer und Paprika, oder auch getrocknete Kräuter – zum Beispiel Kräuter der Provence – zugeben. Mit Kurkuma lässt sich Reis gelb färben, ohne dadurch einen besonderen Geschmack anzunehmen.

Gesundes Getreide

Wer eine Alternative zum herkömmlichen Reis sucht, wird bei anderen Getreidearten beziehungsweise Getreideprodukten fündig: Ob Grünkern oder Dinkel, Hirse oder Buchweizen, Quinoa oder Couscous – auch auf Basis dieser „Körner" lassen sich eine Menge ausgefallener wie köstlicher Salate zubereiten. Diese Zutaten zeichnen sich durch ihren hohen Nährstoffgehalt aus – sie werden gerne auch in der Vollwertküche eingesetzt.

Körner-Exoten

Quinoa und Couscous sind keine „echten" Getreide, sondern eher „Verwandte": So wird das aus Südamerika stammende Quinoa als Pseudogetreide bezeichnet, da seine kleinen runden Samen eine getreideähnliche Zusammenset-

Wildreis – Das edle Wassergras

Die schlanken, bis 1,5 cm langen, zunächst grünen Wildreiskörner gelten botanisch gesehen nicht als Reis, sondern sind die Körner eines im Norden der USA und Kanadas wachsenden Wassergrases. Sie nehmen erst durch spezielles Trocknen ihre braune Farbe und den typischen nussartigen Geschmack an. Wildreis wird zum Teil noch heute von Indianern aus Booten heraus aus den Halmen geschlagen. Auch wenn Wildreis inzwischen vorwiegend konventionell angebaut wird, so ist er doch recht teuer und wird so häufig als Mischung mit weißem Reis im Handel angeboten.

zung haben. Man kann sie ausgezeichnet anstelle von Reis verwenden – und zwar gleichermaßen in pikanten wie auch in fruchtig-süßen Salaten. Quinoa sollte vor dem Kochen mit heißem Wasser gewaschen werden, um eventuell vorhandene Bitterstoffe zu entfernen. Es wird dann in leicht gesalzenem Wasser leicht köchelnd etwa 20 Minuten gegart.

Couscous gilt als Grundnahrungsmittel der nordafrikanischen Küche, wo er aufwändig aus Hartweizengrieß hergestellt wird. Bei uns kann man ihn als Instant-Produkt bereits vorgegart kaufen. Er wird mit heißer Flüssigkeit übergossen und braucht nur wenige Minuten zu quellen. Couscous hat eine weich-körnige Konsistenz und ist – alternativ zu Bulgur – Hauptzutat von Tabouleh, einem erfrischenden orientalischen Petersiliensalat.

Hochwertige Getreideprodukte werden in Naturkostläden oder Reformhäusern angeboten; Couscous oder Bulgur auch bei arabischen oder türkischen Lebensmittelhändlern. Aufbewahrt werden diese Produkte am besten trocken in gut verschlossenen Dosen. Bei der Zubereitung sollte man darauf achten, dass Getreide nach dem Garen noch bissfest ist – mit knackigen Gemüsen, frischen Kräutern und pikanten Dressings wird es so zu einem besonderen Genuss.

Reissalat mit Ananas

Zutaten: 150 g Langkornreis • 250 g Hähnchenbrustfilet • $^1/_2$ frische Ananas • $^1/_2$ Bund Frühlingszwiebeln • $^1/_2$ l Fleischbrühe • 2 EL Kokosflocken

Dressing: 3 EL Majonäse • 1 EL Sonnenblumenöl • Saft einer halben Orange • 2 cl Grand Marnier • Salz • Pfeffer • Curry • Kokosflocken

Reis nach Packungsanweisung zubereiten und abkühlen lassen. Hähnchenbrustfilet in Fleischbrühe garen. Die Ananas schälen, Strunk entfernen und in Stifte schneiden. Frühlingszwiebeln in feine Ringe schneiden.

Majonäse mit Öl und Orangensaft glatt rühren. Grand Marnier unterrühren und mit Salz, Pfeffer und Curry abschmecken.

Hähnchenbrustfilet in Stücke schneiden, alle Zutaten miteinander vermengen, Dressing gut unterrühren.

Kokosflocken in einer Pfanne kurz anrösten und auf den Salat geben.

Tabouleh

Zutaten: 150 g Couscous (instant) • 300 g aromatische Tomaten • 2 Salatgurken • $^{1}/_{2}$ Bund Frühlingszwiebeln • 2 große Bund glatte Petersilie • 1 Bund frische Minze

Dressing: 4 EL Olivenöl • 5 bis 6 EL Zitronensaft • Salz • schwarzer Pfeffer • 1 Romanasalat

Couscous in eine Schüssel geben, nach Packungsanweisung mit heißem Wasser übergießen, ausquellen und abkühlen lassen. Die Tomaten waschen, halbieren, die Stielansätze herausschneiden und entkernen. Die Gurken waschen und schälen.

Tomaten und Gurken in kleine Würfel schneiden. Minze und Petersilie waschen, trockenschütteln und die Blättchen fein hacken. Alle vorbereiteten Zutaten in eine große Schüssel geben und miteinander vermischen.

Olivenöl mit Zitronensaft, Salz und Pfeffer verrühren, über den Salat geben und gut durchmengen. Den Salat 30 Min. durchziehen lassen. Den Römersalat waschen, trockenschleudern und die Blätter bis auf das Herz abzupfen. Das Herz in feine Streifen schneiden, unter das Tabouleh heben und dieses mit Salz und Zitronensaft abschmecken.

Die restlichen Salatblätter auf einer großen Platte anrichten und das Tabouleh darauf verteilen. Nach Belieben mit Tomatenvierteln und Kräutern garnieren.

Wildreissalat mit Lachs

Zutaten: 200 g Wildreismischung • Salz • 300 g Lachsfilet • Olivenöl • Pfeffer • 1 rote Paprikaschote • 1 Lauchstange

Dressing: 1 gestrichener EL Dijon Honigsenf (ersatzweise 2 gestr. TL mittelscharfer Senf • 1 TL flüssiger Honig) • 2 EL weißer Balsamicoessig • Cayennepfeffer • 1 Messerspitze Zucker • Salz • 4 EL Distelöl • $^{1}/_{2}$ Becher Sahne • $^{1}/_{2}$ TL Zitronensaft • Dill

Den Reis waschen und nach Packungsanweisung in leicht gesalzenem Wasser garen; danach abkühlen lassen.

Das Fischfilet mit kaltem Wasser abspülen und mit Küchenkrepp trockentupfen. Leicht von beiden Seiten mit weißem Pfeffer einreiben, in heißem Olivenöl scharf anbraten und auf kleiner Hitze circa 5 Minuten ziehen lassen. Dann das Lachsfilet aus der Pfanne nehmen und erkalten lassen.

Paprikaschote waschen. Längs halbieren, putzen und in feine Streifen hobeln. Die Lauchstange waschen und in sehr feine Ringe schneiden.

Aus den angegebenen Zutaten ein Dressing rühren, mit dem kalten Reis, Paprika und Lauch vermischen. Den Fisch in Streifen schneiden und vorsichtig unter den Salat heben.

Die Sahne halb steif schlagen und mit $^{1}/_{2}$ TL Zitronensaft und etwas Dill würzen. Extra zum Salat reichen.

Quinoa-Mango-Salat

Zutaten: 1 Tasse Quinoa • 1/2 Mango • 1 Möhre • 1 Apfel

Dressing: 2 EL Zitronensaft • 3 EL Traubenkernöl • Salz • bunter Pfeffer • 100 g scharfe Paprikasalami

Eine Tasse Quinoa zunächst in einem feinem Sieb mit heißem Wasser abbrausen. Dann in zwei Tassen Salzwasser aufkochen und etwa 10 bis 15 Min. lang köcheln lassen, bis die Flüssigkeit komplett aufgesogen ist. Quinoa abkühlen lassen, in eine Schüssel geben und mit einer Gabel auflockern.

Möhre säubern und grob reiben, den Apfel und die halbe Mango in feine Würfel schneiden. Für das Dressing Traubenkernöl mit Zitronensaft verrühren und kräftig mit Salz und buntem Pfeffer abschmecken.

Alle Zutaten miteinander vermengen und den Salat mindestens 1 Stunde kühl stellen. Paprikasalami in Würfel schneiden und unter den Salat geben.

Arabischer Reissalat

Zutaten: 1 Hähnchenbrustfilet • 1 l Hühnerbrühe • 1 Lorbeerblatt • 1 Nelke • 3 EL Sesamöl • 2 Schalotten • 1 Knoblauchzehe • 50 g Pinienkerne • 200 g Reis • 1 TL Kurkuma • 2 EL Korinthen • 3 Stangen Staudensellerie • 1/2 Bund Frühlingszwiebeln • 1/2 Bund Minze • Saft von 2 Zitronen • 1 TL gemahlener Kreuzkümmel • 1 Msp. Zimt

Dressing: 2 Becher Joghurt • 3 EL Majonäse • 1 TL Harissa • 1 TL Worcestersauce

Hühnerbrust in der Brühe (mit Lorbeer u. Nelke) ca. eine halbe Stunde köcheln lassen. Fleisch herausnehmen und in mundgerechte Stücke schneiden. Brühe beiseite stellen.

Harissa

Diese feurige Würzpaste besteht aus Olivenöl, Knoblauch, getrockneten Chilis sowie Salz, Korianderkörnern und Kreuzkümmel.

1 EL Öl in einem Topf erhitzen, den Reis kurz darin andünsten, mit der Brühe aufgießen und 25 bis 30 Minuten ausquellen lassen. Schalotten und Knoblauch schälen, fein würfeln und in einer kleinen Pfanne in 2 EL Sesamöl andünsten. Pinienkerne und Korinthen hinzugeben und kurz mit anbraten.

Den Staudensellerie und die Frühlingszwiebeln säubern und in feine Scheiben schneiden. Die Minze gründlich waschen und hacken. Sellerie, Zwiebeln,

Minze und Hühnerfleisch unter den noch warmen Reis mischen.

Gut die Hälfte des Zitronensafts mit Kreuzkümmel und Zimt vermischen und unter den Reis rühren. Die angeröstete Schalottenmischung ebenfalls unterrühren.

Nun die Zutaten für das Dressing und den Rest des Zitronensafts miteinander verrühren, nach Geschmack mit Salz und Pfeffer abschmecken und zum Salat servieren.

Dinkelreissalat

Zutaten: 150 g Dinkelreis • 150 g Edamer (dünn geschnitten) • 2 Schalotten • 1 Bund gemischte Frühlingskräuter

Dressing: 3 EL Crème fraîche • 2 EL Zitronensaft • 1 EL Kräuteressig • 1 TL Kräutersenf • 2 EL Olivenöl • Salz • schwarzer Pfeffer • 2 gekochte Eier • 4 Cocktailtomaten

Reis in doppelter Menge Wasser ankochen und auf kleiner Flamme ca. 30 Min. gar ziehen lassen. In einer Schüssel abkühlen lassen.

Edamer in feine Streifen schneiden. Schalotten fein würfeln, Frühlingskräuter fein hacken. Alle Zutaten miteinander vermengen.

Eine Marinade aus Crème fraîche, Zitronensaft, Essig, Öl, Senf, Salz und Pfeffer anrühren, über die Reismischung geben und etwas durchziehen lassen.

Nach Bedarf mit Salz noch einmal abschmecken. Hart gekochte Eier schälen, vierteln und locker unter den Salat geben. Die Cocktailtomaten halbieren und dekorativ auf dem Salat anrichten.

Pikanter Naturreissalat

Zutaten: 200 g Naturreis • 1 Schalotte • 1 TL Olivenöl • 400 ml Gemüsebrühe (instant) • 2 gelbe Paprikaschoten • 150 g Zuckerschoten • 100 g Sojasprossen • 1 Zweig Estragon

Dressing: 5 EL Sesamöl • 1 EL Sherry • 3 EL Sherryessig • Salz • Zitronenpfeffer

Schalotte enthäuten, würfeln und in einem Topf in Olivenöl glasig dünsten. Naturreis hinzugeben, ebenfalls kurz andünsten, mit heißer Brühe aufgießen und einmal aufkochen lassen. Topf schließen, Hitze herunterschalten und den Reis bei niedrigster Temperaturstufe ca. 40 Minuten ausquellen lassen.

Die Zuckerschoten waschen, etwa 3 Minuten blanchieren – nach 2 Minuten die gewaschenen Sojasprossen hinzugeben und das Gemüse noch eine weitere Minute blanchieren. Abgießen und abtropfen lassen.

Paprikaschoten waschen, halbieren, putzen und in feine Streifen schneiden. Estragon waschen, Blätter abzupfen und hacken. Das Sesamöl kräftig mit Essig, Sherry, Salz und Zitronenpfeffer aufschlagen. Estragon unterrühren.

Alle Zutaten miteinander vermischen, das Dressing unter den Salat mengen und gut durchziehen lassen.

Der Salat kann nach Geschmack mit Schmand verfeinert werden.

Spanischer Reissalat

Zutaten: 150 g Langkornreis • 1 TL Olivenöl • 300 ml Wasser • $^{1}/_{2}$ TL Safranfäden (ersatzweise 1 TL Kurkuma) • 100 g schwarze Oliven (entsteint) • 250 g gekochte und geschälte Garnelen • 3 Tomaten • 3 rote Paprikaschoten • einige Salatblätter als Garnitur • Salz • Pfeffer • geriebene Schale einer halben Zitrone

Dressing: 4 EL Olivenöl • 1 EL Zitronensaft • einige Zweige Petersilie • $^{1}/_{2}$ Bund Basilikum • Salz • Pfeffer

1 TL Olivenöl in einem Topf bei starker Hitze erhitzen und den Reis darin kurz andünsten. Mit Wasser aufgießen, aufkochen, Safran oder Kurkuma hinzugeben, einmal durchrühren und dann auf niedrigster Temperaturstufe etwa 20 Minuten bei geschlossenem Deckel ausquellen lassen. Danach abkühlen lassen.

Für das Dressing Olivenöl, Zitronensaft und die gehackten Kräuter verrühren, mit Salz und Pfeffer kräftig abschmecken.

Die Tomaten enthäuten und würfeln; Paprika waschen, putzen und in schmale Streifen schneiden. Tomaten, Paprika, Oliven, Zitronenschale und Garnelen in einer Schüssel vermengen und mit dem Dressing übergießen. Den abgekühlten Reis hinzugeben, vermischen und erneut mit Salz, Pfeffer und – nach Geschmack – mit Zitrone abschmecken.

Exotische Salate

Salate für Feinschmecker

Ausgesuchte Köstlichkeiten

Mit Ingwer aromatisierte und in Sesam gebackene Kartoffelbällchen, in Kokospfeffer gewendete zarte Fleischstreifen auf Mangoldsalat oder kurzgebratene Wildsteaks mit in Portwein mariniertem Traubensalat – schon bei der Vorstellung solcher Köstlichkeiten dürfte einem das Wasser im Munde zusammenlaufen.

Mit Leidenschaft ausgewählt, mit Lust zubereitet und mit Liebe serviert – dies gilt für solch ausgefallene Salatkreationen, die man nicht jeden Tag auf den Tisch bringt, sondern die meist auf einen besonderen Anlass warten. „Exotisch“ ist dabei auf zweierlei Arten zu verstehen: Einerseits im Sinne exotischer Zutaten wie asiatischer Gemüse, tropischer Früchte oder fremdländischer Gewürze; andererseits aber auch im Sinne ungewöhnlicher Kompositionen bekannter Zutaten.

Genuss beim Zubereiten

In diesem Kapitel finden sich Salatkreationen, für die es lohnt, sich Zeit und Muße zu nehmen, sodass der Genuss schon beim Kochen beginnen kann. So sind einige der Rezepte etwas aufwändiger in der Zubereitung und daher nicht unbedingt etwas für die „schnelle Küche“ zwischendurch. Doch gute Planung und Vorbereitung, qualitativ hochwertige Zutaten und Freude am Ausprobieren neuer Rezepte sind die besten Voraussetzungen für das Gelingen.

Einige der in diesem Kapitel vorgestellten Salate eignen sich aufgrund ihrer edlen Zutaten eher als Vorspeisensalate

im Rahmen eines Menüs für wenige Gäste; andere sind gelungene Alternativen zu bekannten Partysalaten. Eines haben sie jedoch alle gemein: Sie regen die Sinne an, kitzeln den Gaumen und erfreuen das Auge.

Gute Vorbereitung

Bei der Planung dieser exotischen Feinschmeckersalate sollte man berücksichtigen, dass sie nur dann wirklich gut gelingen, wenn qualitativ hochwertige Zutaten zum Einsatz kommen.

So sollten Meeresfrüchte oder Fleisch beim Händler des Vertrauens gekauft werden; dort kann man sich beispielsweise das Lammfleisch für das Carpaccio (siehe Seite 252) bereits als hauchdünne Scheiben vorbereiten lassen. So gut Fleisch und Fisch für ausgesuchte Salatgerichte sein sollten, so frisch und einwandfrei müssen Blattsalate, Gemüse und Früchte sein, die die Basis der Köstlichkeiten darstellen. Sie sollten gerade bei solch aufwändigen Rezepten ganz frisch vom Markt oder Gemüsebauern kommen.

Ungewöhnliche Zutaten

Es muss nicht immer Kaviar sein – und ebensowenig sind es immer nur die edelsten und teuersten Zutaten, die einen Salat zu einer besonderen Delikatesse machen. Häufig sind es vielmehr ungewohnte Kombinationen oder ungewöhnliche einzelne Zutaten, die Salat zu einer köstlichen Spezialität machen. So überraschen sicherlich Maistortillas und Grapefruit als Zutaten in einem Weißkohlsalat ähnlich wie goldbraun gebackene Wan Tans – also dünne asiatische Fladen – auf einem Thunfischsalat. Andererseits regen aber gerade solch unerwartete Kombinationen vielleicht auch die eigene Fantasie an und inspirieren zur Entwicklung eigener neuer Salatideen. Dabei kann durchaus der Grundsatz gelten: Alles ist möglich – Hauptsache, es schmeckt!

Sesambällchen auf Blattsalaten

Zutaten: 250 g gemischter Blattsalat (z.B. Eichblatt, Batavia) • 1 Bund Radieschen • $^{1}/_{2}$ Gurke • 125 g Kartoffeln (mehlig kochend) • 3 cm Ingwerwurzel • $^{1}/_{2}$ Zwiebel • $^{1}/_{2}$ Knoblauchzehe • Salz • Pfeffer • 4 Minzeblätter • 30 g Sesamsaat • 1 Ei (Eiklar zum Panieren) • 2 EL Mehl • 1 Prise Cayennepfeffer • 1 EL Butter

Dressing: 3 EL Walnussöl • 2 EL weißer Balsamicoessig • 1 EL glatte gehackte Petersilie • 2 Schalotten • Salz • Pfeffer

Salat waschen, trockenschleudern und in Stücke zupfen. Radieschen und Gurke waschen, die Gurke längs halbieren, entkernen und alles in dünne Scheiben schneiden.

Für die Vinaigrette Schalotten fein würfeln und mit Essig, Öl, Salz, Pfeffer und Petersilie verrühren.

Für die Kartoffelbällchen die Kartoffeln schälen, gar kochen und noch warm zerdrücken. Zwiebel und Knoblauch sehr fein würfeln, in etwas Butter kurz andünsten. Ingwer schälen und reiben, Minze waschen, trockenschütteln und fein schneiden. Die vorbereiteten Zutaten und das Eigelb in die Kartoffelmasse einarbeiten. Aus dem Kartoffelteig kleine Bällchen formen, diese im Mehl wälzen und mit Eiklar und Sesam panieren. Die Bällchen in einer Pfanne in Butter rundum ca. fünf Minuten braten.

Blattsalat mit Radieschenscheiben und Gurken mischen, auf Tellern anrichten, die Vinaigrette darüber geben und mit den Sesambällchen servieren.

Rote Bete Carpaccio

Zutaten: 4 Rote Bete (gleich groß, ca. 500 g) • Salz • 50 g Kaviar • 30 g frischer Meerrettich • 40 g Walnusskerne • 150 g Crème Fraîche • etwas Schnittlauch oder Dill

Dressing: 4 EL Aceto Balsamico (rot) • Salz • schwarzer Pfeffer • 5 EL Walnussöl

Die Rote Bete in Salzwasser ca. 40 Minuten kochen, abschrecken und häuten. Die Walnüsse grob hacken; den Meerrettich schälen und in feine Streifen schneiden oder raspeln.

Eine Vinaigrette aus dem Balsamicoessig, Salz, frisch gemahlenem Pfeffer und Walnussöl rühren.

Die Rote Bete in sehr dünne Scheiben schneiden (z.B. mit einem Käsehobel oder Allesschneider). Die Scheiben auf Tellern anrichten und mit der Vinaigrette bepinseln. Crème fraîche in kleinen Klecksen dekorativ auf den Rote Bete Scheiben verteilen, darauf den Kaviar geben.

Kräuter waschen, zerschneiden oder zerrupfen und ebenfalls dekorativ zu den Rote Beten geben. Mit Walnüssen und Meerrettich bestreuen, nach Belieben den restlichen Dill ebenfalls verteilen.

Gummihandschuhe für Gourmets

Bei der Zubereitung dieser Delikatesse empfiehlt es sich, mit dünnen Handschuhen zu arbeiten: Einerseits färbt die Rote Bete sehr stark auf die Haut ab, andererseits ist frischer Meerrettich extrem scharf – und so kann z.B. das Berühren der Augen nach dem Anfassen von Meerrettich mit bloßen Händen zu schmerzhaftem Brennen führen.

Rotkohlrohkost mit Entenbrust

Zutaten: $^{1}/_{2}$ kleiner Rotkohl (ca. 250 g) • 2 Barbarie-Entenbrüste • 1 EL Bratfett • einige Blätter Pflücksalat • 2 Orangen • 1 TL Butter • 1 EL Honig

Dressing: 2 EL Rotweinessig • 1 EL weißer Balsamico • 4 EL Traubenkernöl • Salz • 1 Prise Zucker • etwas Pfeffer • Salz

Die äußeren Blätter vom Rotkohl entfernen und den Strunk wegschneiden. Den Kohl sehr fein hobeln.

Das Dressing aus den angegebenen Zutaten anrühren, über den Rotkohl geben und mindestens 2 Stunden ziehen lassen. Orangen schälen und filetieren (siehe Seite 273).

Entenbrust mit kaltem Wasser abspülen, trockentupfen und – wenn nötig – auf der Innenseite vom Fett befreien. Die Fettschicht auf der Oberseite rautenförmig mit einem scharfen Messer einschneiden, ohne dabei das Fleisch zu verletzen. Die fettfreie Seite salzen und beide Seiten pfeffern. Die Entenbrüste mit der Fettseite nach unten in heißem Bratfett 3 bis 4 Minuten anbraten, wenden und zwei Minuten auf der fettfreien Seite braten. Aus der Pfanne nehmen und in Alufolie ruhen lassen.

In einer zweiten Pfanne die Butter schmelzen. Die Orangenfilets in die Pfanne geben und vorsichtig darin schwenken. 1 EL Honig möglichst gleichmäßig über die Orangenfilets in die Pfanne geben. Den Sud leicht karamellisieren lassen.

Den Rotkohl auf dem Pflücksalat anrichten, die Ente in gleichmäßige Tranchen schneiden und darüber geben. Mit Orangenfilets garnieren.

Linsensalat auf Lamm-Carpaccio

Zutaten: 150 g Lammfilet • 150 g rote Linsen • 2 EL Aceto Balsamico (rot) • weißer Pfeffer • 2 Schalotten • 2 Tomaten • 1 Knoblauchzehe

Dressing: 2 EL Rotweinessig • 2 EL Distelöl • 2 EL Walnussöl • Salz • Pfeffer • 60 g Feldsalat • 50 g Parmesan

Lammfleisch in Frischhaltefolie gewickelt etwa eine Stunde ins Gefrierfach legen. In der Zwischenzeit die Linsen verlesen, waschen und in gut $^{1}/_{2}$ l Salzwasser fünf Minuten kochen. Abtropfen und abkühlen lassen.

Das angefrorene Lammfilet aus der Folie nehmen und mit einem sehr scharfen Messer in möglichst dünne Scheiben schneiden. Die Filetscheiben zwischen zwei größere Stücke Folie legen und mit dem Handballen dünn ausstreichen. Filetstücke mit Hilfe eines breiten Messers vorsichtig auf vier Teller verteilen, mit Balsamicoessig bepinseln, weißen Pfeffer darüber mahlen und abgedeckt kühl stellen.

Die Knoblauchzehe durchschneiden und eine Schüssel damit ausreiben. Die Linsen in die Schüssel geben. Tomaten häuten, halbieren, Stielansatz und Samenkerne entfernen und die Früchte in kleine Würfel schneiden. Schalotten schälen und fein würfeln. Tomaten- und Zwiebelwürfel vorsichtig mit den Linsen vermischen.

Für das Dressing Rotweinessig, Distel- und Walnussöl sowie Salz und Pfeffer zu einer Sauce verschlagen, über die Linsen geben und vorsichtig kurz durchmischen.

Den Feldsalat waschen, trockenschleudern, größere Wurzeln abknipsen. Jeweils einige Feldsalatblätter auf dem Lammfilet verteilen und den Linsensalat darauf anrichten. Frischen Parmesan darüber hobeln.

Beeren-Wildsalat

Zutaten: 50 g Pinienkerne • 6 EL neutrales Öl • ca. 350 g Wildsteak (z.B. Hirsch, Wildschwein) oder entsprechende Menge Wild-Rücken • Salz • Pfeffer • 500 g Weintrauben • 250 g Johannisbeeren • Salat zur Dekoration

Dressing: 3 Schalotten • 2 EL Himbeeressig • 1 EL Johannisbeergelee • 1 EL Preiselbeerkompott • 4 EL roter Portwein

Pinienkerne trocken in einer Pfanne rösten. Auf einem Teller abkühlen lassen.

In derselben Pfanne 1 EL Öl erhitzen, Wildsteaks mit Salz und Pfeffer einreiben, im heißen Öl unter Wenden drei bis vier Minuten braten. Die Bratzeit richtet sich nach Größe und Dicke der Steaks.

Das Fleisch aus der Pfanne nehmen, in Alufolie wickeln und ruhen lassen.

Schalotten häuten und fein würfeln, im Bratfett glasig dünsten. Mit 1 EL Himbeeressig ablöschen, dann das Johannisbeergelee einrühren. In eine Schüssel füllen, mit Portwein, Preiselbeerkompott, restlichem Essig und Öl mischen.

Weintrauben waschen, halbieren, entkernen, Johannisbeeren waschen und von den Rispen lösen und vorsichtig unter die Sauce heben. Das abgekühlte Wildsteak quer zur Faser in Streifen schneiden. Früchte und Fleisch mit der Salatsauce mischen und auf Salatblättern anrichten. Zum Schluss die Pinienkerne darüber geben.

Garnelen-Melonensalat

Zutaten: 12 bis 16 Riesengarnelen • 1 EL Kräuter der Provence • 1 Knoblauchzehe • 1 gestrichener TL Cayennepfeffer oder Chilipulver • 1 TL scharfes Paprikapulver • 2 Knoblauchzehen • 1 Honigmelone • 1 Salatgurke • Pfeffer • Salz

Dressing: etwa 1 bis 2 unbehandelte Zitronen • Salz • Pfeffer • Zucker • Olivenöl • Basilikumblätter • 1 Stange Lauch

Gurke schälen, Melone halbieren und entkernen. Aus beiden mit einem Kugelausstecher Kugeln ausstechen.

Für das Dressing einige Tropfen Olivenöl, Saft und etwas Schale der Zitrone, 1 Prise Salz, Pfeffer und 1 Prise Zucker verrühren. Basilikum fein schneiden und einrühren, die Melonen- und Gurkenkugeln in der Sauce marinieren. Den Lauch längs halbieren, waschen und in feine Streifen schneiden; in Olivenöl kurz anrösten, leicht salzen, aus der Pfanne nehmen und abkühlen lassen.

Die Garnelen mit Kräutern der Provence, Cayennepfeffer und Paprikapulver würzen. Die Pfanne mit der halbierten Knoblauchzehe ausreiben und die Riesengarnelen in

Pflanzenöl anbraten (etwa 1 bis 2 Minuten; nicht heißer als 80 °C). Die Lauchstreifen zu den Melonen- und Gurkenkugeln geben, vermischen und die Garnelen darauf anrichten.

Exotischer Mangoldsalat

Zutaten: 400 g Schweineschnitzel • Salz • Chiligewürzpulver • 2 Eier • 5 EL Kokosflocken • 200 g Mangold • 1 TL Zitronensaft • 2 EL Distelöl • Salz

Dressing: 1/2 Mango • 3 Aprikosen • 1/2 rote Chili • 2 Knoblauchzehen • 2 EL Honig • Salz • 1 EL eingelegter grüner Pfeffer • Zucker • etwas Essig • 2 Messerspitzen Curry • 3 EL Öl • 1 Messerspitze Paprikapulver

Mango- und Aprikosen-Fruchtfleisch mit gehacktem Knoblauch, klein geschnittenem Chili, Honig, Öl und Pfeffer in eine Schüssel geben und pürieren. Mit einem Spritzer Essig, Salz, Zucker, Curry und Paprika abschmecken.

Die Mangoldstiele häuten, längs in schmale Streifen schneiden und wie Spargel bissfest kochen. Die Blätter nur ganz kurz in siedendes Wasser geben, abtropfen lassen und grob hacken. 1 EL Zitronensaft mit Distelöl und etwas Salz verrühren und über den Mangold träufeln.

Das Fleisch waschen, trockentupfen und in Streifen schneiden, salzen. Für die Panade die Eier verquirlen. Kokosflocken mit etwas Chiligewürz vermischt auf einen Teller geben und die Fleischstreifen erst durch das Ei ziehen und dann in den Kokosflocken wälzen. Das Fleisch in nicht zu heißem Öl ca. zwei Minuten braten – die Kokosflocken dürfen nicht verbrennen!

Die Fleischstreifen auf dem Mangold anrichten und dazu die Mango-Aprikosen-Sauce reichen.

Knackiger Sprossensalat

Zutaten: 2 mittelgroße Möhren • 1 Salatgurke • 150 g frische Sojasprossen • 3 Zweige Thai-Basilikum

Dressing: 2 rote Chilischoten • 2 Knoblauchzehen • Salz • 2 EL brauner Zucker • 3 Limetten • 4 EL trockener Sherry

Möhren putzen und fein würfeln. Die Gurke schälen, längs halbieren und die Kerne mit einem Löffel herauskratzen. Die Gurkenhälften dann ebenfalls klein würfeln. Die Sojasprossen in ein Sieb geben und mit heißem Wasser abbrausen, bzw. heiß überbrühen. Abtropfen lassen. Das Thai-Basilikum von den Stielen zupfen und grob hacken. Möhren, Gurke und Sprossen in einer Schüssel mit den Kräutern vermengen.

Chilischoten waschen, längs aufschneiden und entkernen; Schoten fein hacken. Knoblauch enthäuten und pressen. Die Limetten auspressen und den Saft mit dem Sherry verrühren. Chili, Knoblauch und Zucker zur Flüssigkeit geben und alles sehr gut miteinander vermischen.

Das Dressing über den Salat geben, vermengen und etwa 20 Minuten durchziehen lassen.

Tortilla-Salat

Zutaten: 1/4 Weißkohl • 1 kleiner Eisbergsalat • 1 rote Zwiebel • Salz • 1 Mango • 1 rote Paprika • 2 Mais-Tortillas • 100 g Kürbiskerne • 1 Zweig Koriander • Pfeffer • etwas Öl

Dressing: 1/2 Grapefruit • 1/2 Limette • 2 EL neutrales Öl • 1 Knoblauchzehe • 1 kleine Chilischote (entkernt) • 2 Schalotten

Weißkohl und Eisbergsalat in sehr feine Streifen schneiden. Die Zwiebel schälen und würfeln, Paprika enthäuten (siehe Seite 46) und in kleine Stücke schneiden, Mango schälen und Fleisch vom Stein lösen. Die Hälfte des Fruchtfleischs in Würfel schneiden, die andere Hälfte für das Dressing beiseite stellen. Alle Zutaten miteinander vermengen.

Für das Dressing Grapefruit und Limette auspressen, Knoblauch zerdrücken, Chili in feine Streifen schneiden und die Schalotten fein würfeln. Das restliche Mangofruchtfleisch klein würfeln und pürieren. Mit dem Grapefruit- und dem Limettensaft gut verrühren, den Knoblauch und die Chilischote hinzugeben und zum Schluss das Öl einrühren. Die Sauce über die vorbereiteten Zutaten geben und damit vermischen.

Die Tortillas in Streifen schneiden; etwas Öl in einer Pfanne erhitzen und die Tortilla-Streifen darin von beiden Seiten knusprig goldgelb braten. Danach zum Abtropfen auf Küchenpapier legen. Die Kürbiskerne kurz im restlichen Fett anschwitzen, bis sie duften. Koriandergrün hacken.

Den Salat mit Salz und Pfeffer abschmecken, dann Kürbiskerne, Tortillastreifen und Koriander darüber geben und sofort servieren.

Thunfischsalat mit Wan Tans

Zutaten: 1 kleine Chilischote • 8 dünn geschnittene Schalotten • 100 g Baby-Mais • 150 g Zuckerschoten • 2 EL Erdnussöl • 4 EL Sesamsaat • 4 EL Schwarzkümmel • 150 g Thunfischfilet • Salz • Pfeffer • Pflanzenöl • 8 Wan Tans (in dünne Streifen geschnitten) • 250 g gemischte Blattsalate (z.B. Eichblatt, Chicorée, Radicchio und Brunnenkresse)

Dressing: $^1/_2$ Tasse Olivenöl • $^1/_2$ Limette • 1 EL Sojasauce • $^1/_2$ Orange • 2 EL Reisessig • 1 EL Sesamöl • 1 Bund Schnittlauch • 1 Stück frische Ingwerwurzel (ca. 3 cm) • Salz • Pfeffer

Für das Dressing Limette und Orange auspressen, Ingwer schälen und reiben, Schnittlauch waschen und grob schneiden. Die Zutaten mit Sojasauce, Reisessig, Sesam- und Olivenöl verrühren und mit Salz und Pfeffer würzen.

Chili in feine Ringe schneiden, Schalotten enthäuten, einmal längs halbieren und in feine Scheiben schneiden. Mais und Zuckerschoten waschen und putzen. Erdnussöl in einer Pfanne erhitzen, die vorbereiteten Zutaten hineingeben und etwa drei Minuten braten bis das Gemüse knackig ist. Anschließend in einen Topf umfüllen und mit ein wenig Dressing übergießen. Den Topf beiseite stellen.

Sesamkörner und Schwarzkümmel in eine flache Schale geben, den Fisch mit Salz und Pfeffer würzen und in der Körner-Mischung wenden.

Etwas Pflanzenöl in der zuvor benutzten Pfanne erhitzen und den Fisch bei starker Hitze von jeder Seite etwa zwei Minuten braten. Auf einem Teller abkühlen lassen und dann in Streifen schneiden.

Nun die Wan Tans in schmale Streifen schneiden, noch einmal etwas Öl in der Pfanne erhitzen und die Streifen darin goldbraun braten. Aus der Pfanne nehmen und auf einem Küchenpapier abtropfen lassen. Mit etwas Salz würzen.

Salatblätter waschen, trockenschleudern und mit dem gekochten Gemüse vermengen. Danach mit dem restlichen Dressing begießen und gut durchmischen. Den Salat auf Teller verteilen, die Thunfischfilets und die Wan Tans darauf anrichten.

Fruchtsalate

Gesund & Süß

Farbenfroher Fruchtgenuss

Als krönender Abschluss eines Menüs oder auf dem Buffet kommen Obst und exotische Früchte jeder Art immer gut an. Man denke nur an das edle Zusammenspiel von feinen Früchtchen mit zarten Cremes, Eis oder Käse. Mal ehrlich: Da kann man doch eigentlich nicht widerstehen. Manchmal ist es auch nur ein Hauch von fruchtiger Exotik, der viele Salate zu einer besonderen Köstlichkeit macht.

Farbenfroh und vielfältig ist das Angebot an frischem Obst heute zu jeder Jahreszeit. Und gesund ist es allemal. Obst zählt wegen seines Gehalts an Vitaminen, Spurenelementen, Fruchtsäuren, Frucht- und Traubenzucker sowie Aromastoffen zu den wertvollsten Lebensmitteln überhaupt. Da kommt es nur noch auf die jeweilige Komposition an. Und dabei sind der Fantasie und Kreativität wirklich keine Grenzen gesetzt.

Natürlich kann man ganz nach eigenem Gusto Früchte und Marinaden variieren, doch am Besten komponiert man Fruchtsalate saisonbezogen. Allgemein gilt daher: Zitrusfrüchte im Winter und Beeren im Sommer.

Mit verschiedenen Gewürzen, passenden Begleitern, mariniert und püriert, mit Baiser überbacken oder ganz pfiffig dekoriert, lassen sich aus allen Obstarten köstliche Salate zusammenstellen. Und auch das Auge, das ja bekanntlich immer mit isst, kommt keinesfalls zu kurz. Mit Früchten lassen sich wahre Salat-Kunstwerke schaffen.

Kleine Obstkugeln

Das Auge isst bei den Obstsalaten immer intensiv mit. Je schöner man so die Früchte anrichtet, desto größer ist die Vorfreude und damit auch das Geschmackserlebnis. Eine besondere Präsentationsform sind kleine Obstkugeln, die man mit Hilfe eines Kugelausstechers aus dem Fruchtfleisch herausstechen kann.

Qualität und Lagerung

Die meisten Obstsorten sind durch ihren hohen Wassergehalt von über 80% leicht verderblich. Deshalb sollte man Früchte stets frisch und in kleinen Mengen einkaufen. Außerdem ist es ratsam bei frischem Obst darauf zu achten, möglichst regionale Produkte auszusuchen. Optimal ist der Einkauf beim heimischen Bauern. Dort kann man sich genau über Anbau, Standort und Ernte informieren. Weite Wege von der Ernte bis zum Verbraucher schaden meistens der Qualität. Allgemein gilt: Je länger die Früchte am Baum oder Strauch reifen, desto besser sind sie. Nur einige Apfel- und Birnensorten, die im Herbst geerntet werden, lassen sich eine Zeit lang im Keller lagern.

Täuschen lassen sollte man sich auch nicht von den gesetzlich festgelegten Handelsklassen, denen der Handel mit Obst unterliegt. Denn für die Einteilung in die Klassen „A" bis „Extra" sind in erster Linie äußere Merkmale wie Form, Farbe und Größe der Früchte ausschlaggebend. Das Aussehen ist jedoch kein Garant für den Geschmack und den Nährstoffgehalt. Der schrumpelige Apfel vom Biobauern um die Ecke ist so meist köstlicher und gesünder, als der schönste Apfel der Klasse „Extra", der aus südlichen Ländern importiert wurde.

Exotische Früchte sind bei uns natürlich nur als Importware im Handel. Beim Einkauf verlässt man sich hier am besten auf den Händler seines Vertrauens.

Beeren

Hauptsaison für einheimische Beeren, wie Himbeeren, Erdbeeren, Johannisbeeren, Heidelbeeren und Stachelbeeren, sind die Monate Juni und Juli. Preiselbeeren, Holunderbeeren und Brombeeren dagegen werden erst im August oder September geerntet. Beerenobst lässt sich nach der Ernte gut einfrieren und kann so auch über den Sommer hinaus verwendet werden. Allerdings sollte man darauf achten, die Beeren zunächst einzeln anzufrieren und erst dann in einen Gefrierbeutel oder eine Gefrierdose zu packen. Ansonsten sind die Früchte nach dem Auftauen schnell matschig.

Zitrusfrüchte

Viele Zitrusfrüchte sind das ganze Jahr über im Angebot. Nur während der Sommermonate ist die Auswahl nicht ganz so umfangreich. Ausnahmen bilden Clementinen, Satsumas und Mandarinen. Sie sind fast ausschließlich in den Monaten von November bis Februar im Handel zu kaufen. Zitrusfrüchte sind in Salaten sehr vielfältig einsetzbar – entweder nur die Schale, der Saft oder aber das filetierte Fruchtfleisch.

Und so werden die Früchte fachgerecht zerlegt: Orangen, Mandarinen, Zitronen oder Grapefruits über einer Schüssel oder auf einem Brett mit einem kleinen, scharfen Messer rundum schälen, damit auch die weiße Fruchthaut völlig entfernt wird. Anschließend das Fruchtfleisch zwischen den Trennhäuten herauslösen, indem man immer knapp neben der Trennhaut einschneidet, um dann die Fruchtspalte herauszuheben.

Wenn man Streifen der Orangen- oder Zitronenschalen benötigt, benutzt man am Besten ein Ziseliermesser oder für sehr feine Streifen einen Zestenreißer. Alternativ geht aber auch ein kleines scharfes Messer. An den Zitrusstreifen sollte keine weiße Haut zurückbleiben, denn die schmeckt bitter.

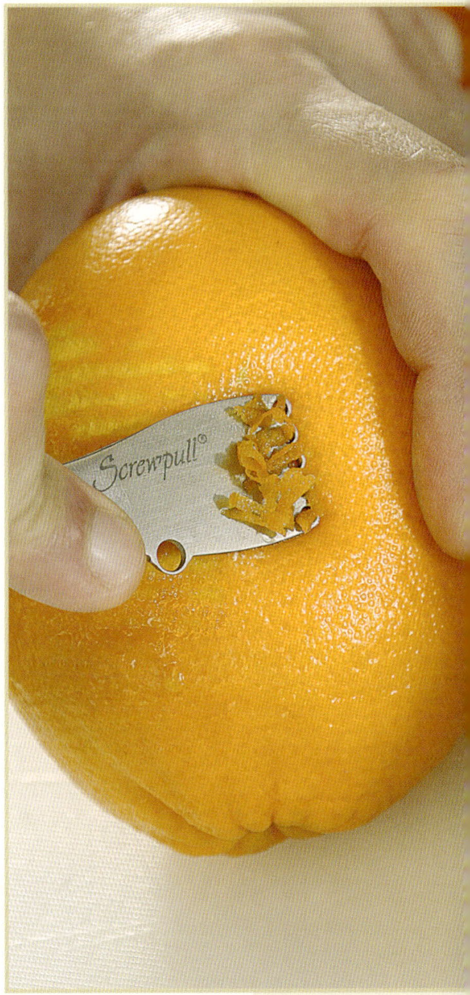

Fruchtsalat mit Kräuterdressing

Zutaten: 1 Mango • 1 Grapefruit • 4 Aprikosen • 1 Granatapfel • 2 Orangen • 1 EL Olivenöl • 1 Zweig Minze • 2 Zweige Basilikum • 1 Limette

Orangen und Grapefruit schälen und filetieren – dabei den Saft auffangen.

Aprikosen halbieren und entkernen. Den Granatapfel entkernen. Limette auspressen. Minze und Basilikum waschen, trockenschütteln, Blätter von den Stielen zupfen und fein hacken.

Mango schälen und von außen nach innen vom Kern lösen. Etwa die Hälfte des Mangofruchtfleisches mit dem aufgefangenen Saft der Zitrusfrüchte pürieren. Das Olivenöl unterrühren und die Fruchtsauce auf Tellern verteilen.

Die Fruchtstücke darauf anrichten und mit den Kräutern bestreuen.

Ananas-Erdbeersalat

Zutaten: 1 frische kleine Ananas • 500 g Erdbeeren • 100 g Mandeln • 50 g Zucker • 1 TL Zitronensaft • 3 EL Wasser • Zimt

Dressing: 200 ml Sahne • 1 TL brauner Zucker • 1 EL Pernod oder Aniséelikör • Pistazien

Für den Mandelkrokant ein Stück Backpapier dünn mit Öl bestreichen. Zucker in Zitronenwasser aufkochen und so lange rühren, bis er sich aufgelöst hat. Mandeln und Zimt einrühren und die Masse auf das Backpapier streichen.

Ananas schälen und in mundgerechte Stücke schneiden. Erdbeeren waschen und halbieren. Die Früchte in einer Schale miteinander vermischen.

Sahne schlagen, braunen Zucker einrieseln lassen. Wenn die Sahne steif ist, den Pernod kurz untermixen.

Den erkalteten Krokant mit einem Messer grob zerkleinern. Früchte mit Sahne und Krokant anrichten und mit etwas gehackten Pistazien bestreuen.

Traubensalat

Zutaten: 350 g blaue Weintrauben • 350 g grüne Trauben (kernlos)

Dressing: 6 Eigelb • 100 g Puderzucker • $^{1}/_{4}$ l Weißwein (z.B. Riesling) • 2 EL Grand Marnier oder Cointreau

Die Trauben von den Stielen lösen, waschen und mit Küchenkrepp trockentupfen. Halbieren und die Kerne entfernen. In eine Schüssel geben, 1 EL Grand Marnier darüber träufeln, mit den Früchten vermischen und 10 Minuten ziehen lassen. Dann die Trauben auf Dessertschüsselchen verteilen.

Eigelb im Wasserbad aufschlagen und dabei nach und nach den Puderzucker einrieseln lassen. Wenn eine dickliche Masse entstanden ist, den Wein und den restlichen Grand Marnier langsam unter Rühren einfließen lassen.

Die Weincreme heiß über die Trauben geben und sofort servieren.

Alternative: Man kann die Creme auch kalt zum Traubensalat servieren. Dazu wird sie in einem kalten Wasserbad noch einige Zeit weiter geschlagen.

Melonensalat

Zutaten: ½ Honigmelone • ½ Wassermelone • 4 Babybirnen • 1 Packung Physalis • 5 Kiwis

Dressing: gehackte Pistazien • ⅛ l trockener Vermouth nach Geschmack

Melonen halbieren, Kerne herauskratzen und das Melonenfleisch mit einem Kugelausstecher auslösen (alternativ kann es auch gewürfelt werden). Babybirnen waschen, dünn schälen, vierteln und entkernen. Physalis von den Blättern lösen und kurz abwaschen.

Die Kiwis schälen, in Stücke schneiden und pürieren. Melonenkugeln, Birnen und Physalis in Dessertschälchen oder Gläser geben und jeweils einen Klecks Kiwimus darauf geben. Mit gehackten Pistazien bestreuen.

Für eine schärfere Variante kann man statt der Pistazien auch groben Pfeffer über das Dessert mahlen.

Mit Alkohol:

Die Melonenstücke in eine Schüssel geben, mit trockenem Vermouth übergießen und abgedeckt 2 Stunden im Kühlschrank marinieren.

Zitrus-Baiser

Zutaten: 2 Orangen • 4 Mandarinen • 1 Grapefruit • 1 bis 2 EL Nusslikör oder 1 EL Nusssirup • etwas Butter

Baiser: 2 Eiweiß • 4 TL Puderzucker • 2 EL gemahlene Haselnüsse

Die Zitrusfrüchte so schälen, dass auch die weiße Haut entfernt wird. In ca. 1 cm dicke Scheiben schneiden.

Vier feuerfeste Teller leicht buttern, die Früchte flach darauf verteilen. Nach Geschmack mit Nusslikör beträufeln. Als alkoholfreie Variante kann Nusssirup verwendet werden.

Das Eiweiß steif schlagen und nach und nach den Puderzucker einrieseln lassen. Zum Schluss 2 EL gemahlene Haselnüsse unterheben.

Das Baiser in eine Spritztüte füllen und möglichst dicht auf die Früchte spritzen. Man kann das Baiser auch mit einem Teigschaber dünn auf die Früchte streichen.

Den Backofengrill vorheizen und die Früchte 1 bis 2 Minuten gratinieren. Sofort servieren.

Beerensalat

Zutaten: 500 g Beerenmischung (Erdbeeren, Himbeeren, Johannisbeeren, Brombeeren, frisch oder tiefgefroren (je nach Saison)

Dressing: 250 g Mascarpone • 3 EL Sahne • 4 TL brauner Zucker

Frische Beeren vorsichtig waschen, im Sieb abtropfen; Tiefkühlbeeren auf einem großen Teller bei Zimmertemperatur auftauen lassen. Nicht süßen!

Mascarpone mit frischer Sahne cremig rühren und mit 2 TL braunem Zucker süßen.

Die Beerenmischung auf Tellern oder in Schälchen anrichten, die Creme portionsweise dekorativ darauf geben und mit etwas braunem Zucker bestreuen.

Nach Belieben jeweils etwa 1 TL Cassis über die einzelnen Portionen geben.

Marinierter Apfel-Birnen-Salat

Zutaten: 3 Äpfel (z.B. Cox Orange) • 3 feste Birnen

Marinade: 2 Tässchen starker Espresso • 1 Zimtstange • 1 Vanilleschote • 1 Nelke • 25 Korianderkörner • 1 Sternanis • 150 ml Sahne • einige Vanillebaisers zur Dekoration • Zimt • Zucker

Zunächst die Marinade herstellen. Dazu den Espresso in einen Topf geben. Die Vanilleschote längs aufschneiden, auskratzen und das Vanillemark sowie die Schote zum Espresso geben. Die weiteren Gewürze ebenfalls in den Topf geben und alles einmal aufkochen. Den Sud abkühlen lassen – am besten im geschlossenen Topf über Nacht!

Äpfel und Birnen schälen, von den Kerngehäusen befreien und in Spalten schneiden. Die Fruchtstücke in einen Topf geben und den Gewürzespresso durch ein feines Sieb darüber gießen. Die Früchte im Espresso kurz aufkochen, Topf vom Herd nehmen und die Früchte in der Flüssigkeit abkühlen lassen.

Sahne mit Zimt und etwas Zucker steif schlagen. Obstspalten aus der Flüssigkeit nehmen, auf Desserttellern anrichten, mit Sahne und den Vanillebaisers dekorieren.

Bananensalat mit Orange

Zutaten: 6 bis 8 Babybananen (oder 3 normale Bananen)

Dressing: ca. 20 g Bitterschokolade • 250 ml frisch gepresster Orangensaft • 1 EL rosa Pfeffer • 1 kleine Vanilleschote • Saft einer halben Limette • 1 EL gehackte Pistazienkerne

Die Vanilleschote längs aufschneiden und das Mark etwas herauskratzen. Den Orangensaft in einen Topf geben, das Vanillemark und die Schote sowie die leicht zerstoßenen rosa Pfefferkörner hinzugeben. Die Mischung aufkochen und bei nicht zu starker Hitze etwas einkochen lassen. Den Orangensud vom Herd nehmen und abkühlen lassen.

Die Bananen schälen, der Länge nach durchschneiden und mit dem Limettensaft beträufeln, sodass sie nicht braun werden. Auf kleinen Tellern oder in niedrigen Gläsern anrichten.

Die Vanilleschote aus der abgekühlten Sauce entfernen und die Orangensauce über die Bananen geben. Mit den Pistazienkernen bestreuen. Die Bitterschokolade über den Salat hobeln.

Topinambur-Fruchtsalat

Zutaten: 2 Topinamburknollen • 1 Apfel • 1 Banane • 1 kleine Dose Aprikosen

Dressing: 1 Zitrone • 3 EL Sahne • 1 EL Honig • 1 EL gehackte Haselnüsse • 1 EL gehackte Pistazienkerne

Die Zitrone auspressen, Saft in eine Schüssel geben. Die Topinamburknollen unter Wasser bürsten und fein abschälen. Die Knollen grob in den Zitronensaft raspeln und dabei immer wieder umrühren. Aprikosen abtropfen und in Streifen schneiden.

Apfel schälen, vierteln und das Kerngehäuse entfernen. Apfelstücke zur Topinambur in die Schüssel raspeln und ebenfalls zwischendurch mischen. Aprikosenstücke hinzufügen. Die Banane schälen und in dünnen Scheiben unter den Salat mischen.

Sahne und Honig glattrühren und unter den Salat mischen.

Die Nüsse in einer Pfanne anrösten bis sie zu duften beginnen; etwas abkühlen lassen und mit den Pistazienkernen über den Salat streuen.

Sachregister

Rezepte

Bildquellen
Fotos: Medien Kommunikation, Unna; Fotograf: Raphael Pehle
Außer: Asa Selection, Höhr-Grenzhausen: S. 32, 64, 88, 95, S. 161, 163, 189, 191, 215, 217, 239, 263, 265

Mitarbeit: Mathias Hinkerode, Astrid Kimpel, Tatjana Wehmeyer, Carola Struck, Birgit Andrich, Christina Murmann, Verena Peters

Chefkoch: Roger Kimpel